イラストでよくわかる!

漢字指導の新常識

土居 正博

学陽書房

はじめに

私の専門は国語科の「読むこと」の指導です。大学院時代からずっと研究し続けています。しかし最近は、「漢字指導」に関して執筆や講座をさせて頂くことが急増してきました。それだけ、日本全国に漢字指導にお困りの先生が多い、ということです。

漢字指導に関する本を書かせて頂くのは、これが二冊目です。

本書には次のような特長があります。

①イラストがたくさん入っていてわかりやすく、「ドリル音読」「ドリルの使い方」「漢字チェック・漢字練習」などの細かいところまで理解ができるようになっている。
②抜き打ち50問テストでも満点連発するような、真の漢字力がつく指導法を紹介している。
③漢字指導を通して「自立した学習者」を育てる指導について触れている。
④わかりやすい文章で、読みやすく書かれている一方、注で専門的な情報にも詳しく触れている。
⑤よく講座等で出る質問などに対する答えを書いたQ&Aコーナーがある。

私の著書は文字のみのものが多いのですが、本書ではイラストを多く取り入れ、「わかりやすさ」を重視しました。本書は、「ドリル音読」「ドリルの使い方」「漢字チェック・漢字練習」という「文字指導」段階の指導法を中心的な内容として、イラスト込みでわかりやすく紹介しています。これらの指導では手順や方法を教師がしっかり理解しておく必要があるからです。

本書で紹介する指導は、子ども達のやる気を引き出します。その結果多くの漢字が定着したり、使えるようになったりします。このことは、前著『クラス全員が熱心に取り組む！漢字指導法』（明治図書）をお読みになって実践された先生方から、ご報告をたくさん頂戴しています。

そして、本書では漢字が定着するだけでなく、子ども達を「自立した学習者」へと育てる指導についても触れています。教師が「漢字指導を通して子どもを育てる！」という思いを持つことで、漢字指導を通して子ども達一人ひとりを育て、クラス全体の雰囲気をつくることすら可能なのです。

文章もなるべく平易な表現で、若手の先生方にも読みやすいものにすることを心がけました。一方、中堅やベテランの先生方にもご満足頂けるよう、補足情報や参考となる文献などは「注」として章末にまとめてあります。本文だけでは物足りないという方はぜひそちらもお読みください。

最後に、漢字指導に関する講座や前著をお読みになった先生方から寄せられるご質問で、多いものをピックアップし、それにお答えするQ＆Aコーナーも設けました。ここもお読みくだされば、不安なく本書の漢字指導法を導入していけるはずです。

本書を通じて、先生方の漢字指導への困りがなくなること、そして何より子ども達が漢字学習を好きになり、力をつけていってくれれば、著者としてこれ以上の喜びはありません。

土居　正博

目次

第3章 イラストでわかる！ 漢字ドリル音読

第4章　イラストでわかる！　漢字ドリル

第5章

イラストでわかる！チェック・練習・テスト

第1章

「漢字指導」で子どもが変わる！

1 なぜ今漢字指導か？

▼結果が出ておらず、それを見過ごされている漢字指導

皆さんのクラスの宿題は何でしょうか。

音読、計算、日記、自学など様々な種類があると思いますが、その中に「漢字」が入っていない方は、かなり稀なのではないでしょうか。

漢字指導は全国のどの教室でも行われ、毎日宿題として出されるほど重要視されています。

しかし、その結果は芳しくありません。

ベネッセ教育総合研究所（２０１３）によれば、前年度に学習した漢字の正答率は平均で59・０％でした。

しかし、この「59％」という数字を見てどう感じられたでしょうか。

学習指導要領には、今年度学習した漢字を読めるようにし、前年度学習した漢字を書けるようにする、ということが書かれています。そのため、前年度の漢字の定着率の平均が59％というのは非常に深刻な結果と言わざるを得ません。学習指導要領で定められていることを身につけられていない子が

多くいるということになってしまうからです。

このような調査は、もちろん「抜き打ち」で行います。初見の問題で予告なしで行うはずです。そのことを踏まえて考えると、おそらく、「予想以上に低い！」と思う先生は少ないはずです。私は、初めてこの結果を目にした時、「妥当。実際はもっと低いかもしれない…」と思いました。そのように感じる先生方も多いと思います。

毎日子ども達に指導し、宿題にも出しているけれど、抜き打ちで書けるほど定着はしていない…という現場での実感は、多くの先生方に頷いて頂けるはずです。

▼漢字指導は数十年変化していない

しかし、私の知る限り、漢字指導はここ数十年ほとんど変化していません（注1）。それは、私の経験からも言えます。私が小学生時代に受けてきた漢字指導と、私が初任者の時に周りの先生方から教わって行った漢字指導とがほとんど同じだったのです。

それだけ、現場での漢字指導は変わってきていないということです。

身につけさせられていないという実感、そして事実もあるけれど、その実感と事実から目を背けられ、指導法の変革が行われていないのが漢字指導の実状なのです。

漢字指導はこうあるべき、というような一種の「固定観念」が存在し、しかもそれが子どもに力をつけられない、誤った「固定観念」である可能性が示唆されます。だから変革されていかないのです。

例えば、いまだに「習っていない漢字は使いません。」などと指導する先生を目にします。これは明らかに誤りで、子どもの意欲を奪ってしまいます。

　現場には、このような誤った「固定観念」が蔓延しています。

▼「固定観念」を打ち破り、新たな「漢字指導観」と「漢字指導法」を！

　ここに一つ、漢字指導に関して恐ろしい調査結果を報告する論文があります。

　高橋純・長勢美里・中沢美仁・山口直人・堀田龍也による「教員の経験年数や漢字指導法が児童の漢字読み書きの正答率に及ぼす影響」（２０１５）という論文です。

　この論文は、教員の経験年数と使用する漢字指導法、及びその指導を受けた児童の漢字読み書き正答率の相関を調べたものです。その結果を次に引用します。

> 読み書きの正答率は、教員の経験年数、ＩＣＴ活用歴及び漢字指導におけるＩＣＴ活用頻度と関係がみられなかった。また、教員の経験年数が長いほど頻度の高い漢字指導法がみられたが、それらを用いることで、児童の読み書きの正答率が高くなるとは認められなかった。（53ページ）

　つまり、教員経験を重ねているベテランであっても、教壇に立って数年の若手であっても、指導した児童の読み書きの正答率に変わりはないということです。

　今教育現場に存在する「固定観念」のもと、いくら漢字指導の経験を積み重ねたところで、教師には子どもが漢字を読み書きできるようにする力はついていかないということを表しています。

また、経験年数が長いほど同じ漢字指導法を用いることになるが、それによって児童の読み書きの正答率が高くなることはない、というのも驚きの結果です。

経験年数を重ねれば重ねるほど、「固定観念」は強まり、漢字指導はこうやればいいんだ、と指導法も固定されていく。それなのに、その指導法では児童の読み書きの正答率は高くなることはない、という悲惨な状況が示唆されています。これらの結果は、教育現場に漢字指導の誤った「固定観念」や指導法が蔓延していることを表していると思います。

▼今ある漢字指導法の改善

本書では、このような「固定観念」を打ち破り、新たな「漢字指導観」（主に２章）や「漢字指導法」（主に３〜５章）を提案していきます。

その上で、ここで一つ補足しておきたいことがあります。本書で示す新たな漢字指導法は、「新たな」と言っても、漢字ドリルを全く使わない！などと、全てを変えるような提案ではないということです。

それでは日々教育現場で奮闘されている先生方のお力にはなれないと考えます。

本書で紹介する指導法は、今ある漢字指導法を改善したものです。

ドリルの取り組ませ方を変える、読みを重視した指導をする、漢字練習の仕方を工夫する…といった具合に、今あるものを、公立の普通の小学校で普通に用いている教材を用いつつ、そこに工夫を凝らして、子どもが意欲を持ち、しっかり漢字の力をつけられるような指導法をご紹介します。

ですから、基本的にはすぐに行える指導法ばかりです。

ぜひご自身のクラスで取り入れて試してみてください。必ず子ども達の漢字学習への姿勢が変わるはずです。

▼漢字指導の意義とは

ここまでをお読み頂ければ、いかに今行われている漢字指導の結果が芳しくなく、そしてそれが「固定観念」によるものであり、それらを打ち破って新たな「漢字指導観」や「漢字指導法」が見出されていくべきだということがおわかり頂けたと思います。

しかし、そもそも、今漢字指導について考える必要性はあるのでしょうか。

現行の学習指導要領では「主体的・対話的で深い学び」が重視されています。「漢字指導」と聞くと、それとは程遠いような印象を持つ先生も多いでしょう。

また、パソコンやスマートフォンの普及により、漢字を手書きする機会は急減しています。

今更、漢字指導に熱を入れる必要性は薄く感じる先生も多いことでしょう。

ここでは、漢字指導の意義について考えておきましょう。

私は、漢字指導の意義は次の棚橋先生のお言葉に集約されると考えています。棚橋（２０１５）から引用します。

> 漢字の習得は国語科のみならず全教科、学問の内容理解とも大きく関わるため、漢字仮名交じり表記を採用する日本においては学力の根幹といっても過言ではない。（23ページ）

国語科では話す、聞く、読む、書くという言語活動の指導が行われます。ただし、それらを支えるのはひらがな及び漢字を正確に読め、書けるという基礎的な知識・技能です。

これらの力が脆弱であれば、国語科の力を高めていけるはずがありません。

そして、漢字習得は、国語科において重要だからという理由のみで、重要視されるのではありません。漢字仮名交じり表記の日本では、全教科の内容理解に大きく関わり、学力の根幹だから重要視すべきなのです。

▼国語科以外の教科でも漢字を使う

国語科以外の教科でも、漢字を全く扱わないということは一時間たりともないはずです。

例えば、社会科の学習で資料を読み取り、まとめる活動を行う時、漢字を読み書きできなければ、その活動を行うのは非常に困難になるのは想像に難くないでしょう。

「主体的・対話的で深い学び」も基本的には漢字仮名交じり表記の文章を読み取れず、書けないと成立させるのは非常に難しいでしょう。

このように、子ども達に、しっかり漢字の力をつけることは、他教科の学力を支えたり、「主体的・対話的で深い学び」を成立させたりするために不可欠な「学力の根幹」を育てることになるのです。

このことを念頭に置いて漢字指導に力を入れるようにしましょう。

2 漢字指導を通して育てたい力とは

▼漢字の力とはどんな力なのか（階層的な漢字学力観）

それでは、子ども達につけさせたい「漢字の力」とは、具体的にはどのような力なのでしょうか。千々岩（２０１５）では、漢字の力を次の三つに分類しています（10ページ）。

・読字力（漢字の読み方を知り意味を措定する力）
・書字力（読みや意味に対応させて漢字を書写する力）
・運用力（語句の意味や文の脈絡に対応させて漢字を読んだり書いたりする力）

私もこの三つの分類には賛成です。

簡単に言えば、「読字力」とは「読める力」、「書字力」とは「書ける力」、「運用力」とは「使える力」です。

このうち「運用力」を育てる視点が、教育現場には圧倒的に足りていません。

漢字ができる＝テストで100点をとれる（つまり、書ける）という「固定観念」が蔓延しています。だからこそ、漢字が得意な子は学習が楽すぎて夢中になりません。そして、テストで書けるだけでは漢字力の一部なので、それで満足していては実際に使える（運用できる）ようにはならないのです。結局抜き打ちテストで書けたり、文章を書く時に自在に使えたりする本当の漢字力はつきません。

また私はこの分類に加え、三つを並列的に捉えるのではなく、「読字力」を基盤とした「階層」として捉えることが重要だと考え、拙稿（２０１９ａ）にて左のような階層的な漢字力観を提案しています。

読めるから書け、書けるから使えるのだ、というシンプルな主張です。

しかし、これを頭に入れると指導法が変わります。

例えば、いきなり書かせずに「読字力」を伸ばすために読む学習をさせよう、などと書けるようになって満足させるのではなく、漢字を使える（運用できる）ようにしよう、などと、指導法を考えることができるのです。

本書には、この漢字力観のもと創出された指導法を多数紹介しています。どの指導にも

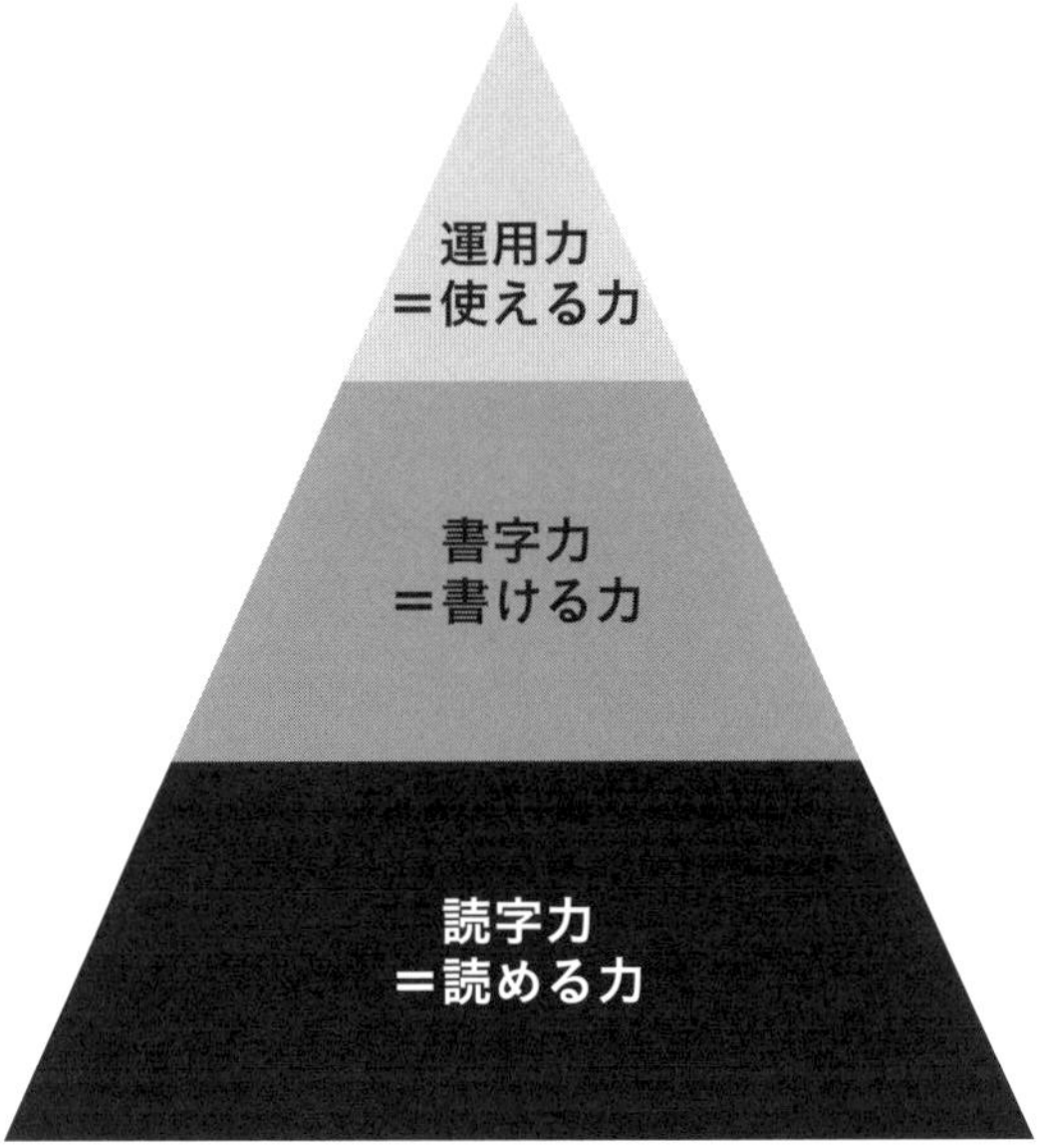

このような理論的背景を持てば、一本の筋が通り、ブレない一貫性のある指導ができるようになります。

このように、（どの指導においても同じかもしれませんが）子どもにつけたい力はどのような力で、どのような構造になっているのかなどということを深く考えていくことは、非常に重要で、指導を創出することにもつながっていくのです。

▼漢字習得の六つのステップ

さて、ここまでの漢字力に関する考察を生かしつつ、「漢字習得のステップ」をまとめておきましょう。私は、次のような段階を経て子ども達が漢字を習得すると考えています。

文字学習の段階	一、見慣れる
	二、読める
	三、大体の形がわかり、書ける
	四、とめ・はね・はらいなど正確な形がわかり、書ける
語彙学習の段階	五、様々な使い方を知っている
	六、自分が作文で書く時などに自在に使いこなせる

まず、漢字学習においては、大きく分けて二つの意義があります。

一つは、文字を書けるようになることが目的の「文字学習」の意義です。

もう一つが文字を使えるようになることが目的の「語彙学習」の意義です。

このことに関して、小林（２００２）では、次のように述べられています。

> 理論的には漢字の学習指導は漢字という文字体系の習得という面と国語における語句・語彙の習得という面とを持つ。したがって、この二つの観点が必要となる。（336ページ）

漢字という文字は、音を表すだけでなく、意味も含みます。一字で一語に対応しているからです（注2）。そして、なおかつ組み合わさって熟語となることで新たな意味を生み出します。

そのため、漢字を学習するということは、文字を習得すると同時に、語彙を習得するということになるのです。

今、教育現場ではこの二つの面のうち、「文字学習」の面ばかりが重視されているように思います。

漢字テストで試されるのは、主に「書けるかどうか」ということです。

正しく使えるかどうか、ということはあまり試されません。このことからも、「文字学習」重視なのはよくわかるでしょう。

「語彙学習」まで手が回っていない、と捉えるのが正しいかもしれません。

さて、次にそれぞれの細かいステップを詳しく見ていきましょう。

最初のステップは「見慣れる」です。

あれ？「読める」がくるのではないか、と思った方も多いかもしれませんが、まずは見慣れていて、目にしたら、「あぁ、見たことあるな。」くらい親しみがあるところがステップの最初です。

次のステップは「読める」です。

この段階は、漢字を目にしたら、その読みが思い浮かぶ、文章に書いてある漢字を難なく読めるというようなことを表します。

次は「大体の形がわかり、書ける」です。

この段階は、漢字を見慣れていて、読め、さらにぼんやりと大体の形を書けることを表します。いきなり正確に書ける必要はないのです。

次にくるのが「正確な形がわかり、書ける」です。

この段階では、漢字のとめ・はね・はらいなど細かい部分まで注目していて、それを再現できる（書ける）ことが求められます。この段階までが「文字学習」のレベルです。

その次にくるのが「様々な使い方を知っている」です。

この段階では、漢字の使い方、つまり熟語などをいくつか「知っている」というレベルです。例えば「議」という漢字なら、「議題」「議論」「論議」などという言葉を「知っている」というレベルです。

最後が「自分が作文を書く時などに自在に使いこなせる」です。

この段階では、漢字の様々な使い方を知っていることに加え、その意味や微妙な違いなどを熟知し、自分が文章を書く時などに適切に使いこなせることを表します。

本書で紹介する指導法は「漢字習得のステップ」を背景として創出されたり、配列されたりしています。

▼漢字力以外にもたくさん伸ばせる力がある

漢字指導で伸ばせる力は漢字力以外にもたくさんあります。

それは、教師が意識するかしないかにかかっています。教師が意識して漢字力以外の力も伸ばしていこうとすることで、子どもの力を伸ばすことができます。

例えば「粘り強さ」です。

漢字学習では、練習したらその分だけ結果がついてきます。逆に言うと、「できる」ようになるまで練習しなくてはいけません。ある程度、「繰り返す」ことは欠かせません。

また、私は漢字ドリルの評価を非常に厳しく行うので、子ども達は何度不合格になっても、「次こそは！」と粘り強くチャレンジし続けないと、漢字ドリルを終えることができません。

それを乗り越えて、きちっと練習することで、「粘り強さ」が身につきます。

粘り強く学習に取り組む姿勢は、学習指導要領でも「学びに向かう力、人間性等」の一つの側面として重要視されています（注３）。

また、「自主性」です。

本書で提案する漢字指導法では、漢字ドリルを子ども達が自分のペースで進めます。

教師によって強制するのではなく、自分のペースで進めさせます。

自分のペースで空いている時間を見つけて、家や学校でドリルを進めなくてはいけませんから、「やりなさい」と言われる前に自分でやるクセがつきます。

子ども達は私の空いている時間を見つけては、「先生、ドリル見せてもいいですか⁉」と聞くようになり、休み時間でもどんどん持ってきます。教師から、「今日はこの漢字を家で練習してくるように。」と課せられたことをやっている時とは雲泥の違いです。

さらに、「計画性」です。

ドリルは基本的に「期限」を設けますので、その日までに、「自分のペースだったら一日何ページやればよいか」などを計画する力も伸びます。これは、将来自分で学習や仕事を進める際にも使える力です。

最後に「丁寧さ」です。

本書で紹介する漢字指導法では、漢字ドリルを1ページずつ教師に見せ、合格しないといけません。その際の評価は相当厳しいものです。

ここで「丁寧さ」が身につきます。

「丁寧さ」は他の教科や文章を書く時など全てに「転移」します。

特に、私の経験から言うと、丁寧さがない子は、文章を長く書いていくことがなかなか難しいと思います。丁寧に取り組む、ということは物事に落ち着いて、じっくり取り組むということですから、そのような姿勢は、文章を書く時に強く要求されます。

また、高学年になると、雑にやるクセがついてしまっている子が多くいます。

そのような子に対しても、漢字指導を通して「丁寧さ」を身につけさせることができます。ドリルの「合格」を出すのは教師だからです。

そのため、どんな子に対しても、主導権を握るのは教師です。きっちり丁寧にやっていない子に対して「不合格」を出すことで直させることができるのです。

このように、漢字指導で伸ばせる漢字力以外の力を４つ挙げましたが、他にもまだまだあるかもしれません。

繰り返しになりますが、大切なのは、これらを伸ばすことを教師が意識することです。

教師が、単に漢字を教えるだけでなく、人間を育てるのだという哲学を持つことで指導が変わるのです。

3 漢字指導で子どもを自立した学習者へと育てる

▼「自立した学習者」に育てる

本書で紹介する漢字指導法では、単に子ども達の漢字力が高まるだけでなく、教師からの働きかけで学習するのではなく自ら取り組んだり、自分の学習を調整したりできるような、「自立した学習者」に育てることをねらっています。

「自己調整学習」ができる学習者、と言ってもいいかもしれません（注4）。この「自己調整学習」は、現行の学習指導要領でも重視されています。

我々教師は実践者です。子どもの姿で語るべきです。それでは、漢字学習における「自立した学習者」とは、具体的に一体どのような姿なのでしょうか。

具体例を二つ、個人の場合とクラスの場合とを挙げます。その後そこから「自立した学習者」の各要素を抽出していきたいと思います。

①「自立した学習者」個人の例

ある年担任した子に、翌年度話しかけられました。その子は、前年度私が担任していた子です。うれしそうに報告してくれました。

「土居先生！　今回の50問テスト、200個いきました！　なかなかいつもいかなくて、漢字活用練習がんばっていたんですよ！」

あまりにも急で、しかも久しぶりに話したので私は一瞬何のことかわかりませんでした。よく話を聞くと、抜き打ち50問テストで、200個熟語を書き込んだということでした。担任が変わっても「熟語書き込み」（5章などに挙げている実践）を実行していて、しかも自分は語彙量が少なく、いつもあまり書き込めなかったので、200個という目標を立てて「漢字活用練習」に励んでいたそうです。ちなみに点数を聞くと、

「そんなの、100点に決まっているじゃないですか。何言っているんですか。」

と軽く怒られてしまいました。

②「自立した学習者」クラスの例

私は、クラスで隙間時間などに「漢字タイム」という時間をとることがあります。「漢字タイム」は、漢字に関することなら何でも勉強してよい時間です。

その姿からも「自立した姿」は見て取れます。

一人ひとりが考えて、自分の漢字力を踏まえてその時足りないことを補う勉強をしているのです。まだ書けるかどうか不安なものが多い子は「漢字チェック」をしたり、「漢字練習」をしたりしています。

もう大体書けるようになっている子は二人組で少し難しい問題を出し合ったり、「漢字活用練習」に取り組んだりしています。

「漢字活用練習」の成果が出て、使いこなせる漢字が増えてきている子は、熟語を言い合っていくゲームをしています。

そして、重要なのは、教師から見ても、それら一人ひとりの「判断」が概ね適切だと感じられることです。例えば、まだまだ書けない漢字がたくさんあるのに、友達と楽しくやりたいという理由だけで二人組で問題を出し合っているような姿が見られないことが重要です。

つまり、一人ひとりが自分の学習状況、到達度を自覚し、それに応じた学習をしているということです。

このようなクラスに育てられれば、一人ひとりが自立していますから、「漢字タイム」のような自由な時間でも充実した学習時間にできます。

私のクラスでは50問テストは抜き打ち（初見問題・予告なし）で行っていますが、実施する一か月ほど前に一人ひとりを呼んで、「次のテストでは何点を目標にする？　熟語の書き込みは何個を目標にする？」と尋ねてみたことがあります。

すると、一人ひとりが育っている場合は、「なるほど。いい具合の目標だな。」と思わされることがほとんどでした。「それは今の状況からはだいぶ厳しいな。」とか、反対に「その目標では低すぎる。」というような目標を言う子はいませんでした。

そして、その結果、目標と実際の平均点がほとんど差がありませんでした。

自分のことを非常に正確に把握しているということになります。

▼本書が目指す「自立した学習者」の要素とは

それでは次に、挙げた事例から本書が目指す「自立した学習者」の要素を抽出していきましょう。

まず、**効率のよい「学習の仕方」を習得している**ということです。

相手は小学生ですから、いくら「自立」と言っても、最初から「自分で考えてやりなさい。」と放っておいてできるわけがありません。

むしろ、最初は「こうやるんだよ。」ときちっと指導し、正確にできるようにしてあげることが重要です。そうすれば、例に出てきたように、担任の元を離れてもその「学習の仕方」を用いて自分で学習を続けていくことができます。

また、**自分で自分の学習状況を把握している**ということです。

自分の学習状況や到達度を正確に把握しているからこそ、例に出てきたように、自分の状況に合った適切な学習方法を選択することができます。

そのためには、自分で自分をテストする方法を知る必要があります。子どもは（特に勉強が苦手な子ほど）、できるようになってもいないのに、できるようになったと思ってしまいがちです。

それは、自分で自分を試す方法を知らず、教師から与えられるテストでしか自分の実力を知る機会がないからなのです。

そして、**学習方法を使い分けたり計画を立てたりできる**ことです。

例にも出てきたように、自分自身の学習状況を把握してそれに応じた学習方法を意識的に用いたり、自分で目標に向けて計画して取り組んだりすることで、効率や効果は格段に上がります。

そのためには、自分の学習の仕方や取り組みについて、振り返らせたり、評価させたりする機会をとることが重要です。

最後に、**教師などの他者を自分の意欲を高める拠り所にするのではなく、自分の意思で、意欲的にかつ粘り強く学習に取り組める**ということです。

一つ目の例に挙げた子どものように、「先生が言っているからがんばる。」のではなく「自分でやりたいからがんばる。」というような状態です。

このような状態であれば、その子にとって学習において自分が「主体」ですから、自分の学習を自分でコントロールでき、少々のことにもくじけず粘り強く取り組めるはずです。

これから一つ一つをもう少し詳しく見ていきましょう。

▼「学習の仕方」を教えること

思い切って断言してしまうと、漢字指導において、教師が漢字の成り立ちや読み、書き方などを丁寧に逐一教える必要はありません（注５）。

ドリルや辞書に書いてあるので、それを見ればわかります。

漢字指導で大切なのは、学習の仕方を指導することです。

漢字学習は、基本的に1年生から6年生まで同じやり方で進められます。

ドリルを使って正しく覚え、必要に応じてノートに練習したり、言葉を調べて書き出したりしていく…この学習の仕方を教えてあげればよいのです。

新出漢字がある度に教師から教えてもらっていた子どもは、自分で学習することができるようになりません。

しかし、学習の仕方をきちんと教えてもらっている子どもは、自分で学習を進めていけるのです。ですから、私は、ドリルの使い方や漢字練習の仕方などを徹底的に指導します（3章以降参照）。

ここで大切なのは、その学習の仕方が、よく考えられていて効率的であるということです。徹底して指導するからには、子どもが「このやり方なら覚えられる！」「先生のやり方でやったらできるようになった！」と思ってくれるような効果のあるものでなければなりません。

本書で紹介している漢字ドリルの使い方や漢字練習の仕方は、私が数年間、改良に改良を加えてたどり着いたものです。

もちろん、まだまだ改良の余地はあると思いますが、子ども達からは概ね好評です。

「土居先生の方法で勉強して漢検に合格した。」

「このやり方なら覚えられそう！」

などうれしい言葉が多く聞かれます（一方、そうは思っていない子もいるはずですし、そういう子はわざわざ私の耳に聞こえるようには言わないはずです。こういうこともあるということを教師は重々承知しておく必要があると思います。だから、「まだまだ改良の余地はある」と書きました）。

ぜひ、本書で紹介されている漢字の学習の仕方を先生方がまず理解してくださり、それを子ども達に伝えて頂けたらと思います。

学習の仕方を身につけることができれば、子ども達は自分で学習を進めることができるようになります。

そして、翌年度担任と離れても、自分で効率的な学習の仕方を継続していくこともできます。

▼自分で自分をテストする方法を教える

小学生を「自立した学習者」として育てていく上で、「自分の学習状況を把握させること」が最も難しいと思います。

客観的に自分のことを見つめなければならないからです。

その上、国語科は、子どもからすれば「何ができるようになったかわからない」、教師からすれば「何を教えたらよいかわからない」と言われる教科です。

ですからいざ「自分の学習状況を把握しなさい。」と言われても、下手すると子どもにとっては、「何を（学習内容）」「どのように（把握する方法）」して自分の学習状況を把握したらよいかがわからない、という状況になってしまいます。

しかし、漢字学習は国語科の中では自分の学習状況を把握しやすい領域です。

文字を読み、書けるようになるための「文字学習」が漢字学習の全てではないということはこれまで述べてきた通りですが、それでも読めて書けるようになることは重要です。

例えば「読むこと」で説明文をよりよく読めるようになったということを把握することなどと比べれば、漢字を読めるようになった、書けるようになったということはわかりやすいと言えます。「書けた、書けなかった」というのは、即そのまま客観的な事実だからです。

漢字学習においては、把握すべき自分の学習状況の「何を（学習内容）」という点はわかりやすい、と言えそうです。

一方、「どのように（把握する方法）」という面への指導は一般的な指導法では、大きく欠けています。そのため、本書の漢字指導法では「漢字チェック」という子ども達が自分で自分をテストできる方法を指導します。

5章を見て頂ければわかると思いますが、特別な方法ではありません。誰もができるような普通の方法です。

しかし、これを子どもが自分で意識的に行えること自体が「自立した学習者」に育てていく上で極めて重要なのです。

▼自分の学習方法やペースを振り返らせる

自分の学習方法や学習の取り組み、ペースなどを振り返らせることで、学習方法を使い分けたり、計画を立てて取り組んだりすることができるように育てていきます。

「自立した学習者」を育てることを目指すのであれば、このような、自分の学習について振り返らせることは不可欠です。

自分の行ってきた学習方法を振り返らせることで、それぞれの学習方法の長所と短所がわかってきます。

そうすると、目的に応じて使い分けることができるようになるのです。

本書では、「漢字チェック」について振り返る実践を紹介しています（5章参照）。

また、自分の学習の取り組みやペースについても振り返らせます。

自分がどれくらい学習に力を入れるとどれくらい進められるかなどを自分で把握することができます。

本書では、漢字ドリルの進み具合を振り返ったり（4章参照）、漢字テストの後にそれまでの学習を振り返ったり（5章参照）する実践を紹介しています。

「振り返り」自体は、教育現場で盛んに行われますが、その振り返りの対象は学習内容や思考内容である場合がほとんどであると思います。

「自立した学習者」として育てていくには、ここで紹介したように、「学習自体」を振り返らせることが必要なのです。

▼意欲的に取り組む姿勢はどれだけ「個」にアプローチできたかで決まる

最後は「意欲的に粘り強く」学習に取り組む側面についてです。

正直、私はこれが最も重要だと思っています。それと同時に最も難しいことでもあります。

理想は、遊んでいる時と同じか、それ以上に「夢中」に取り組んでいる姿が見られることです。

例えば、休み時間も学習を続けていたり、給食を早く食べ終えて学習に取り組んだりしているような姿です。

これらは決して強制して実現されるような姿ではありません。

でも、漢字学習への熱が高まってくると、実際に見られるのです。

そのためには、とにかく「個」にアプローチすることです。

一人ひとりがどれくらいの到達度であるか、どこでつまずいているのかなどを適切に把握し、支援するのです。

漢字が苦手な子に対しては、とにかく読みを徹底して定着させるよう支援します。

また、漢字ドリルの使い方なども丁寧に指導し、時折教師が点検します。進めるペースも一緒に計画するとよいでしょう。

反対に漢字が得意な子にも適切に指導することが重要です（注6）。

漢字が得意な子は、一般的な漢字指導法では、もっとできるのに漢字ドリルを進めるペースも教師によって決められてしまい、テストも予告ありなので余裕で満点をとれてしまっています。

画一的で、高いレベルが求められない指導によって、飽きてしまっているのです。

ですから、この子達が「本気」になって取り組むような漢字指導に変えていかなければなりません。

そのためには、「上限」を取っ払うことです。今の一般的な漢字指導では、「ここまでしかドリルを進めてはいけません。」「テストの空欄を埋められればいいのです。」などと、学習に「上限」を設けてしまっています。

子どもの足を引っ張ってしまっているといってもよいでしょう。

漢字指導における「上限」を取っ払うには、「文字学習」のみのレベルに留めず、意識的に「語彙学習」

のレベルを取り入れていくことです。

「語彙学習」は漢字を書けるだけではなく、様々な使い方を知ったり、使いこなせたりすることを目指すので「上限」がないのです。

「上限」を取っ払うことは、得意な子達を走らせます。実は、このような子達が本気で学習に取り組んでいるかどうかで、クラス全体のレベルも大きく変わってくるのです。

このようにして苦手な子も得意な子も夢中で本気になって漢字学習に取り組むようになれば、その姿を見た他の子も漢字学習に対して熱を上げるようになります。

そして、クラス全体が漢字学習に対して夢中な状態になっていくのです。

4 漢字指導年間スケジュール

4月　5月　6月　7月　8月

〈漢字ドリル音読〉
➡読みテスト
（4月〜5月）

〈漢字ドリル〉〈漢字小テスト〉
・1ページごとに教師に見せる
・合格したら次のページに取り組める。
・評価は徹底的に厳しく。
・書き順も点検する。
・期限までに自ら進める。
・小テストは実態に合わせて行う。（個別進度・定期的に一斉・抜き打ちで一斉など）
（4月〜6月）

〈漢字チェック〉
①セルフチェック
②ペアチェック
③全員一斉チェック
（5月〜8月）

↕ 相互作用

〈漢字練習〉
・漢字練習
・漢字活用練習
（6月〜8月）

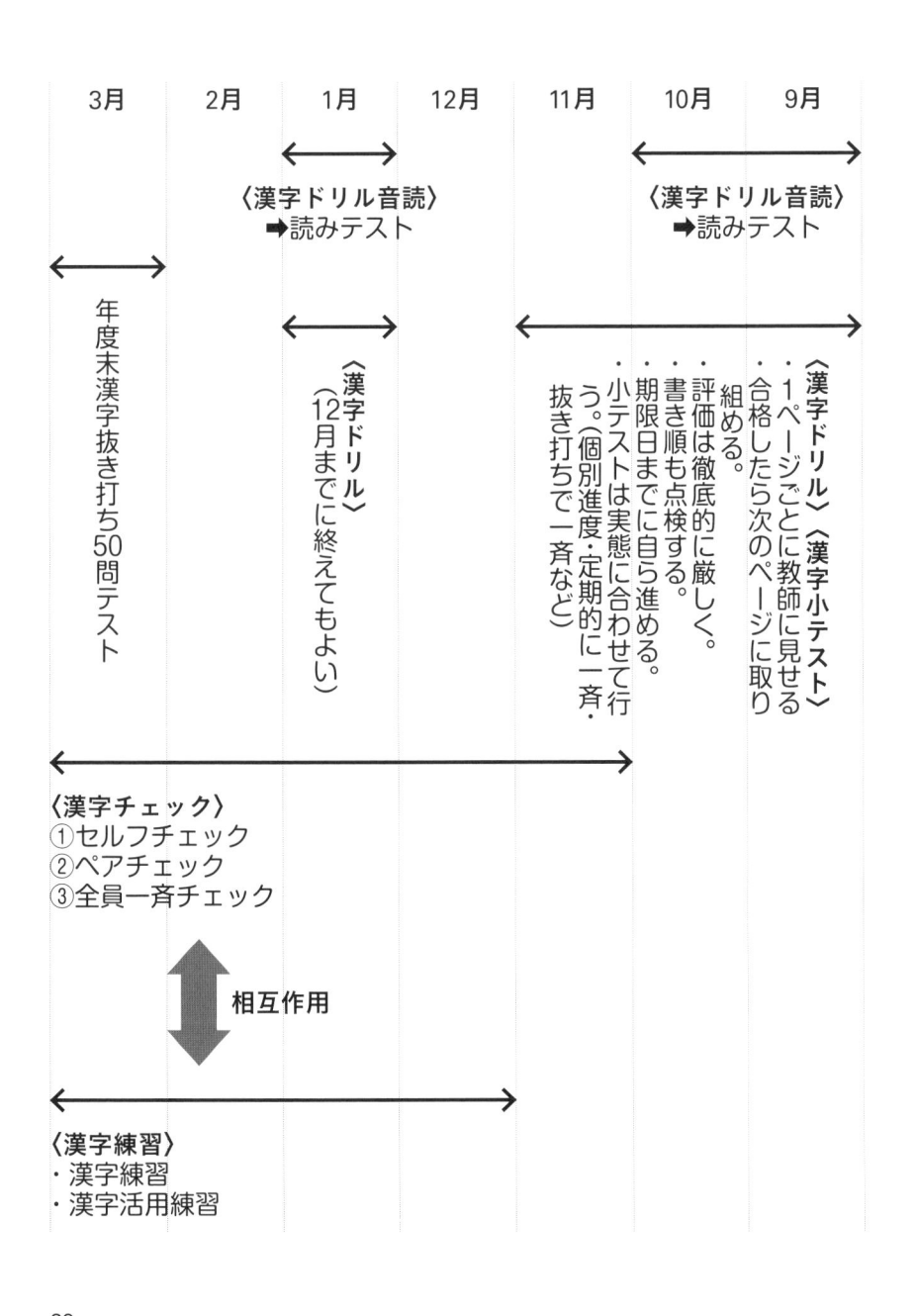

3月 2月 1月 12月 11月 10月 9月

〈漢字ドリル音読〉
➡読みテスト

〈漢字ドリル〉〈漢字小テスト〉
・1ページごとに教師に見せる
・合格したら次のページに取り組める。
・評価は徹底的に厳しく。
・書き順も点検する。
・期限日までに自ら進める。
・小テストは実態に合わせて行う。(個別進度・定期的に一斉・抜き打ちで一斉など)

〈漢字ドリル音読〉
➡読みテスト

〈漢字ドリル〉
(12月までに終えてもよい)

年度末漢字抜き打ち50問テスト

〈漢字チェック〉
①セルフチェック
②ペアチェック
③全員一斉チェック

相互作用

〈漢字練習〉
・漢字練習
・漢字活用練習

▼漢字指導年間スケジュール解説

前ページに示したのは、漢字指導年間スケジュールです。

これを見て頂ければおわかりのように、本書の漢字指導法は、「漢字ドリル音読」、「漢字ドリル」、「漢字チェック」、「漢字練習」の4つの柱で進めていきます。2章以降ではその4つに焦点を絞って具体的な方法を紹介していきます。

また、目安として時期も示してありますが、これは子どもの実態に合わせて多少前後させても全く問題ありません。

▼初めは読みの定着を図る

まずは、漢字ドリル音読で読みの定着を図ります。

国語の授業で一か月ほど取り組み、全員に定着できるようにしていきます（3章参照）。

▼漢字ドリルが漢字指導の根幹

漢字ドリルの指導が漢字指導の根幹です（4章参照）。

漢字ドリル音読で読みの定着を図りつつ、並行して漢字ドリルも進めていきます。

進め方を徹底して指導し、意欲的に取り組ませることで多くの子が漢字ドリルのみでも覚えることができます。ここできちっと多くの漢字を定着させてしまえば、「語彙学習」にも持っていきやすくなります。

小テストに関しては、ドリルに付属しているものを使用して構いません。どのように進めるかは、ドリルと同じく個別進度にしてもよいですし、全員一斉で行ってもよいでしょう。自分の漢字ドリルへの取り組みを振り返る機会にしていくことが大切です。

▼ドリルを終えたら「漢字チェック」を導入する

漢字ドリルを終えたら、「漢字チェック」を導入します（5章参照）。「漢字チェック」で子どもが自分で自分が書けるかどうかチェックできるようにします。ここで「書けない漢字」を見つけ、それを練習していくようにするのです。

▼「漢字練習」の仕方と「漢字活用練習」の仕方を区別する

「漢字チェック」を導入し、「書けない漢字」を見つけられるようになったら、それを「漢字練習」します。ここで、「漢字練習」の仕方をしっかり指導します。ある程度繰り返し書くことは欠かせませんが、それでも効率のよい方法があります（5章参照）。

また、「書けない漢字」がほとんどない子に対しては、使い方をたくさん知って使いこなせるようになるために、「漢字活用練習」について指導します（5章参照）。

注1．例えば、その日に教師が二文字ほど指定して、あらかじめ指定された形式（例えば、書き順、へん、読み仮名、熟語、例文など）で漢字ノートを「作成」させる宿題は、非常に多くの先生方が出しています。私自身も初任の時、先輩から教わり同じようにしていました。講座等でアンケートを取っていますが、実に9割ほどの先生方がこの「漢字ノート作成」を毎日の宿題として子ども達に課しています。この「漢字ノート作成」法は、元をたどると、国語教育研究所編（1971）まで遡ります。当時は「漢字カード作り」と呼ばれる学習法であったそうです。私はこの事実を知り、非常に驚きました。なんと約50年も前から子ども達への漢字練習のさせ方はほとんど変わっていなかったということになるのです。この他にも、漢字指導に関する提案は古くからされており、その内容は今の指導法から見てもあまり変わりがありません。例えば、今から百年以上前の書籍である後藤（1912）には、「漢字教授上の心理学的注意」として以下のような注意点が挙げられています（238～239ページ）。

（一部現代仮名遣いに直しています）

一、漢字の興味を持たせること。
二、記憶せしめようとする漢字の形、音、義、及びその用法を明確にすること。
三、生徒が自発的に漢字の習得に苦心し、工夫するやうしくむこと。
四、はなはだしく脳を疲労せしめない限り、度々 反復練習せしむること。
五、各漢字及びその用法の感念総合を十分ならしめること。
六、多くの漢字を強ひて一時に急に記憶せしめないこと。
七、苟も漢字に関係ある経験をなさしむる時には注意を之に傾注す可きことを条件にすること。
八、異同辞の事実を歌又は俳句の調に作ること。
九、音符本位の排列表を調製して携帯せしむること。
十、適富なる血液を脳神経に供給すること

いかがでしょうか。今の指導から見ても、全く遜色ないほど、機械的な学習にならないように注意されているかがおわかりになるでしょう。もしかしたら今の指導よりも進んでいるとさえ言えるかもしれません。どれくらい現場の漢字指導が変わってきていないということがおわかり頂けると思います。

注2．アルファベットやひらがななどの音を表した文字を「表音文字」と言い、数字などの意味や概念を表す文字を「表意文字」と言います。漢字は、一字で一語を表す「表語文字」と区別する説が一般的になってきています。「表意文字」と「表語文字」との差が少しわかりにくいですが、表意文字が意味や概念を表すのに対し、表語文字は一字ずつが一語を表します。笹原（2006）では、漢字は「表意文字ないしは表語文字」だと言っていますが、数字などの純粋な「表意文字」とははっきり区別しています。このことから、どちらかと言えば、漢字は「表語文字」と言えるでしょう。ちなみに学習指導要領には漢字は「表意文字」であるとされています。この場合は、「文字が意味も含む」という大きな意味で捉えているものと私は考え

ています。

注３．詳しくは、国立教育政策研究所（２０１９）や国立教育政策研究所（２０２０）などをご覧ください。また、粘り強く取り組む姿勢は、「非認知能力」の一つともされており、注目されています。

注４．「自己調整学習」は、１９９０年代からアメリカの教育心理学者、バリー・ジマーマン（Barry Zimmerman）らが中心となって提案している新しい教育心理学の理論体系です。学習指導要領自体にはこの文言は明記されてはいないものの、文部科学省中央教育審議会（２０１９）において、「「主体的に学習に取り組む態度」の評価とそれに基づく学習や指導の改善を考える際には、生涯にわたり学習する基盤を培う視点をもつことが重要である。このことに関して、心理学や教育学等の学問的な発展に伴って、自己の感情や行動を統制する能力、自らの思考の過程等を客観的に捉える力（いわゆるメタ認知）など、学習に関する自己調整にかかわるスキルなどが重視されていることにも留意する必要がある。」（10ページ）と述べられており、「自己調整学習」が強く意識されていることは明確です。文部科学省中央教育審議会（２０１９）や国立教育政策研究所（２０２０）では、新学習指導要領の三つの柱（「知識及び技能」、「思考力、判断力、表現力等」、「学びに向かう力、人間性等」の資質・能力）の中の「学びに向かう力、人間性等」のうちの一つの側面として位置づけられ、重要視されています。国立教育政策研究所（２０２０）では、「知識及び技能を獲得したり、思考力、判断力、表現力等を身に付けたりするために、自らの学習状況を把握し、学習の進め方について試行錯誤するなど自らの学習を調整しながら、学ぼうとしているか」（９～10ページ）と、その具体的な内実を説明しています。本書では、漢字チェックにより自分の学習状況を把握し、それに応じて「漢字練習」や「漢字活用練習」を使い分けることにより自らの学習の進め方を調整することを目指しています。本書に何度も出てくる「自立した学習者」とは、「自己調整学習ができる学習者」とほぼ同意義で用いています。

注５．「逐一」教える必要はないということなので、書き順や成り立ちが複雑な場合や、多くの子どもがつまずいている様子が見られる場合は、全員に指導するということはもちろんあります。

注６．日本の公教育には、この視点が欠けていると思います。アメリカでは、「特別支援教育」というと、日本でも行われているような発達に遅れがある子への教育に加え、発達が通常よりも早く能力が高い子達への教育も含まれています。

第2章

○×でわかる！漢字指導の新常識

1 漢字指導を通して一人ひとりを「育てる」意識を持つべし

私達教師は、漢字指導において、漢字だけを教えているのではありません。漢字指導を通して、一人ひとりを「育てる」という意識を教師が持つべきです。

他領域、他教科も同じですが、その学習を通して、一人ひとりをどんな子に育てたいのか、という意識を教師が持つからこそ、全ての指導に一貫性が保たれるのです。

これこそ、学級担任として全教科を指導しつつ、子どもを育てられる醍醐味です。

▼全ての指導の背後に「哲学」を！

漢字指導を通して、一人ひとりをどう育てたいのかを明確にし、それが全ての指導の背後にあるようにしていきましょう。

私は、一人ひとりに「粘り強く取り組む姿勢」を身につけさせたい、と考えているからこそ、漢字ドリルは厳しく評価します。厳しく評価されてもへこたれずに、「次こそ！」という気概を持ってほしいからです。もちろん、個人差はあるので、配慮はします。

また、「自主的に学習に取り組む姿勢」を身につけてほしいから、自分のペースで漢字ドリルを進めさせたり、「漢字チェック」を考案したりしました。背後にある「哲学」が指導を確固たるものにしたり、新たな指導を生んだりします。

×　漢字指導で漢字だけを教える

他領域や他教科によって指導がバラバラに…

○　漢字指導を通して一人ひとりを「育てる」

指導に一貫性が保たれる

▶Point

「哲学」を持つことで、指導が明確になったり、新しく創造されたりする

2
漢字指導は「自立」した学習者を育てやすい

漢字学習というと、「単純な繰り返し」、「根性論的な学習」といったイメージがありますが、実は、指導方法を少し工夫すれば「自立」した学習者を育てやすい学習なのです。

本書でも「自立」した学習者という言葉が何度も出てきています。私は、漢字指導を通して、子どもを「自立」した学習者に育てていくことをねらっています。

「自立」した学習者とは、自分の学習を自分で能動的にコントロールできる、つまり「自己調整学習」ができる学習者ということに他なりません。

「自己調整学習」に欠かせないのが「メタ認知」（注1）です。具体的に言えば自分で自分の学習をモニターし、学習成果を自己評価し、学習過程を意識しながら常に主体的に取り組もうとすることです。

▼漢字学習は、「メタ認知」しやすい

そして、漢字学習は、「メタ認知」しやすいのです。なぜなら、漢字はできるようになったのかがわかりやすいからです。「漢字チェック」をして、チェックが付く漢字が減ってきたら、漢字が書けるようになってきた、「漢字練習」の成果が出ている、などと成果や学習過程を自己評価しやすいの

です。「読むこと」など他の領域と比べると、漢字指導は「自己調整学習」を成立させやすいと言えます。

✕ いきなり「読むこと」で自己調整学習を目指す

できるようになったかどうかわかりづらい

○ まずは漢字で自己調整学習を目指す

成果を自己評価ができるので、成長を実感しやすい

Point

他の領域と比べて漢字指導には自己調整学習を成立させやすいメリットがある

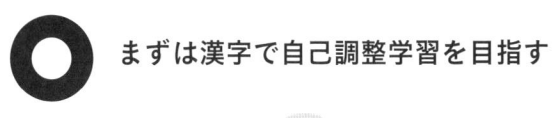

3 漢字学習、漢字指導は根性論ではない！

漢字学習や漢字指導というと、「ひたすら何回も書く」「覚えるまでとにかく書く」という根性論的なイメージがどうしても付きまといます。

しかし、私からすればこれは完全に誤りです。

教師が、効率的な学習の仕方をよく考え、それを子どもに指導すべきなのです。

この観点が抜けていると、「ノートに十回書きなさい。」などと、子どもにただ「やらせる」だけの指導しかできません。

その結果、子どもは漢字学習が嫌いになります。非常に受け身になります。

▼教師自身がよく考え、学ぶこと

教師自身が「どうやったら効率よく漢字を覚えられるのか」を真剣に考え、学ばなくてはいけません。

そうして得た知識や学習の方法を子どもに伝えます。子ども達はほとんどの場合、「効率的な漢字の覚え方」などを教わってきていないので、目を輝かせて話を聞いてくれます。

まずは、教師が変わるべきなのです。

ただ「やらせる」だけの根性論的指導

子どもは受け身になり、漢字学習が嫌いになる

効率的な学習の仕方を教える指導

子どもは主体的になり、前向きに取り組むようになる

Point

教師自身が学習法や指導法をよく考え、研究すること

4 漢字指導は文字指導でもあり、語彙指導でもある

漢字指導には二つの側面があります（注2）。

一つが、文字を読めるようにする、文字を書けるようにするという「文字指導」の側面です。漢字という記号、「文字」を習得させるのが目的です。

もう一つが、たくさんの言葉を知る、使えるようにするという「語彙指導」の側面です。漢字はそれ自体が意味を持つ文字ですから、意味を持つ「言葉」を習得させるのが目的です。

この両面がそろって初めて、豊かな漢字指導となります。つまり、読み書きできてかつ使えるようになるのです。しかし、一般的な指導法では、「文字指導」の側面ばかりが強調されているように思います。

▼「語彙指導」も意識すると漢字指導が大きく変わる

先述した、「漢字テストの空欄が埋められればいい」というような指導は、漢字指導を「文字指導」としか捉えていないことから生まれます。

「漢字を使いこなす」という「語彙指導」を意識すれば、漢字指導は大きく変わります。

今まで予告あり漢字テストで100点連発で、「漢字なんて少し勉強すればできる」と高をくくっていた子達が、夢中になって語彙を増やすために漢字学習に取り組むようになるのです。

× 漢字は読めて書けさえすればいい、「文字指導」のみの捉え方

テストでしか漢字を読み書きできない

○ 漢字は読めて書けて使えなくてはいけない、「文字指導」と「語彙指導」の捉え方

色々な場面で漢字が使えるようになる

Point

漢字指導を変えるには教師の意識変革が必要！

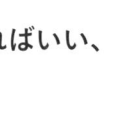

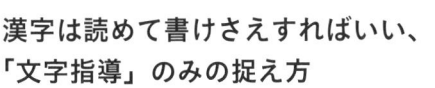

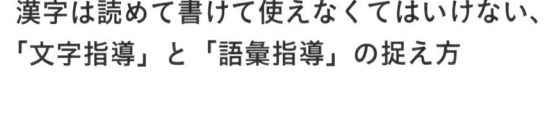

5 漢字指導はドリルとノートで真っ向勝負すべし

漢字指導に関しては、様々な指導法が提案されてきました（注3）。

その中には、特定の教材を使うことをすすめるものや、特別な指導法によるものが多くありました。

しかし、私達教員（特に公立校）は、一般的な漢字ドリルと漢字練習ノートを使うことからは、ほとんどの場合、逃れられません。学年の中で1クラスだけドリルを使わなかったり、特別な教材を使ったりすることは常識的に考えて難しいからです。

基本的には、日本中どこの小学校に勤務しても、漢字ドリルと漢字練習ノートを使うことにはなります（注4）。

そのため、私達にとっては、特定の教材や特別な指導法に頼るのではなく、漢字ドリルと漢字練習ノートで子ども達にしっかり漢字の力をつけることを考える方が先決です。

▼今目の前にあるものをフル活用する

まずは目の前にあるものを生かして、「どうやったら子どもがやる気になるかな？」と考えてみることが重要なのです。

他の指導に関しても同じです。

その方が、どの学校に行っても通用する指導法を確立することができます。

✕ 特定の教材や特別な指導法に頼る指導

自分のクラスだけドリルやノートを使わないのは難しい

○ 普通のドリルとノートをフル活用する指導

どの学校でも通用する指導法を確立できる

Point

どの学校でも通用する指導法を確立すること

6

「書く」だけでなく「読む」！漢字ドリル観の転換

漢字ドリルは、座って黙って「書く」ものである。

そんな固定観念がありませんか。私にはありました。子ども達を椅子に座らせて、シーンとした雰囲気の中、ひたすら書かせるものだと思い込んでいました。また、漢字ドリルは子どもにとっても、やることが明確なので、嫌いではありませんよね。だから、真剣に取り組んでいました。

それでも私がドリル観を見直さざるを得なかったのは、子ども達の漢字の定着という「結果」が芳しくなかったからです。予告ありテストならなんとかできても、抜き打ちテストには到底歯が立たない…そんな状況でした。

▼漢字ドリルを「読む」という新たな発見

様々なことを考えた結果、私は、子ども達にまず「読み」を定着させた方がいいのではないかと考えました。なぜなら読めてもいない漢字を書かせることは不可能だからです。

そこで、今までは「書く」だけのものであった漢字ドリルを音読させてみました。すると、これが大成功。子ども達の読みの定着率がグンと上がり、自信をつけました。

漢字ドリルは「書く」ものですが、まずは「読み」から始めてみましょう。漢字ドリル観の転換です。

×　漢字ドリルは静かに黙って「書く」だけのもの

集中して取り組んでいるのに定着していない

○　漢字ドリルは声に出して「読む」ものでもある

声に出して読むことで、確実に定着する！

Point
結果が出なかったら、教師の固定観念を疑い、転換せよ！

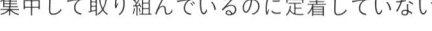

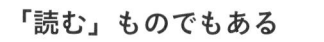

7 読みと書きを分離して指導する

新出漢字を指導する際、読みを確認し、その後すぐに書く練習をさせていることでしょう。これを「読み書き同時指導」と言います。実は、これは漢字が苦手な子を苦しめる指導なのです。

例えば、大人であっても、アラビア文字をいきなり見せられ、「この字はスィーンと読みますよ。じゃあ、書いてみましょう。一、二、…」と教えられたら、困ってしまいますよね。

それは、私達にとって読めないどころか「見慣れて」もいないアラビア文字の「読み」と「書き」を同時に教えられるからです。今の漢字指導は、苦手な子にこのような指導になっているのです。

▼「読み」を先に指導していく

漢字が苦手な子にとって、新出漢字は読めもしないし、見慣れてもいません。そんな状況の中、いきなり読みと書きを教えられるのです。新出漢字を学習するたびに苦しい思いをしています。

そうではなくて、「読み」と「書き」を分離し、「読み」を先に指導していきましょう。つまり、「読み書き分離指導」（注5）にするのです（その方法は3章「漢字ドリル音読」を参照）。

まずは「読み」を完璧にしていき、十分「見慣れ」させた上で「書く」練習に入ります。

見慣れさせてから書かせることで、苦手な子のハードルをグッと下げることができます。「見慣れている」という状態は、完全に未知の状態ではなく、「やってみよう」と思えるからです。

×「読み」と「書き」を同時に教える

混乱する子どもが出てくる

○「読み」と「書き」を分離し、「読み」を先に教える

読みだけなら、ハードルが下がる！

▶Point

「読み」を先に指導することで、いざ「書く」時に「見慣れて」いるから覚えやすい！

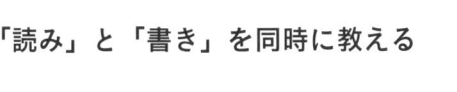

8 まずドリルだけを、徹底的に使う

漢字ドリルと漢字練習ノートをセットで宿題に出されている先生は多いのではないでしょうか。

私も初任の時、周りの先生方と同じように、そうしていました。しかし、実はこれは非効率です。

既に書ける子にとってはノートをぎっしり漢字で埋めるのは苦行です。逆に漢字が苦手な子にとっても、同様です。強制的なノート練習は子どもの意欲を奪ってしまうのです。

まずは、しっかりドリルだけに取り組ませましょう。ドリルだけでは足りないから、ノートをセットでやることでやっと覚えられる、というのは誤った固定観念です。むしろ意欲が低下します。

私の経験上、きちっとドリルに取り組ませれば、クラスの8割ほどの子は漢字を覚えられます。

▼漢字練習ノートは、漢字ドリルを一通り終えてから使う

それでは、漢字練習ノートは使わないのか、教材費で買ってしまっているから使わなければならないのだけれど…と心配される先生もいると思います。

漢字練習ノートももちろん使います。

ただし、漢字ドリルとセットで同じ日にやらせるのではなく、漢字ドリルを一通り一冊終えてから、

使うのです。この時も、全ての漢字を練習するのではなく、書けていない漢字を練習します。

✕ ドリルだけでなく、ノートにもたくさん練習してやっと覚えられる

ノートを埋めるのは苦行

○ ドリルにしっかり取り組めば、それだけでも覚えられる

まずはドリルだけなら意欲を持って取り組める

▶Point
ドリルだけでも多くの子が書けるようになる

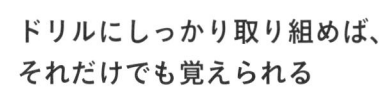

9

ドリルの進め方（学習の仕方）を徹底して指導する

漢字ドリルには巻頭に「学習の進め方」などのように示されています。

しかし、実際は、クラスの中でも子どもによってバラバラの進め方をしているという場合がほとんどであるように感じます。

つまり、ドリルの「進め方」がイマイチ徹底されていない、ということです。

「進め方」が徹底されないと、子ども達はいい加減に取り組むことが多くなってしまいます。

▼年度初めに「進め方」を徹底して指導する

漢字ドリルを配布する時、つまり年度初めに「進め方」を徹底して指導しましょう。

子ども達にしっかりと「学習の仕方」を教えるのです。説明し、やって見せ、「進め方」の紙（4章1項参照）をドリルに貼らせます。

その後、全員が「進め方」を理解し、取り組めているかを何度も点検します。

このように書くと、「型」にはめるようで嫌だ、と思われる先生もいらっしゃるかもしれませんが、これは「自立」への一歩です。型があるからこそ、自分一人で学習を進めていけるようになるのです。

✕ 漢字ドリルの進め方は一人ひとりバラバラ

進め方が徹底されていないとどんどんいい加減になる

○ 漢字ドリルの進め方を全員に徹底して指導する

子どもは安心してドリルを進めていける

▶Point

子どもを「自立」させることを見通して、まずは「型」を指導すること

10 ドリルは自分のペースで進めさせる

一般的な指導法では、漢字ドリルを進めるペースは全て教師が決めることが多いでしょう。しかし、これは冷静に考えるとおかしなことです。元々、知っている漢字の数は大きな個人差があります。読書をよくする子は多く、そうでない子は少ないはずです。

しかも、漢字ドリルは、新出事項が次々に出てくる計算ドリルと違い、「授業で習っていないから進められない」ということはありません。基本的には、進め方をきちっと指導すれば、子どもが全て自分の力で進められるものです。

既に書ける子も、全く書けない子も、同じペースで進めさせられることで、子ども達は受動的になり、意欲を失っていくのです。思い切って子どもに任せ、自分のペースで進めさせましょう（注6）。

▼途中で振り返りを入れる

「自分のペースで進めさせる」と言っても、放っておくということではありません。必ず「期限」を設けます。そして、それに向けて自分なりに計画を立てさせます。それでも、すぐに一冊終えてしまう子もいれば、ほとんど取り組まない子も出てきます。

そこで、途中で「振り返り」を入れます。自分の漢字ドリルへの取り組みを振り返らせるのです。期限までに終えられるか、などを振り返らせ、なるべく自主的に考えて取り組ませるようにします。

✕ 全員同じペースで進める

ペースを強要されると、子どもは意欲を失う

○ 自分のペースで進める

自分のペースでできることで、一人ひとりガンガン進めていける

Point
自分の学習のペースを振り返らせ、自分で考えて進められるようにする

11 教師が厳しく一対一で評価をする

よく、職員室で積み重ねた漢字ドリルをダーッとすごいスピードで丸つけをしている先生を目にします。私もそうでした。

漢字ドリルを宿題で進めさせておいて、ある程度進んだら集めて、全員分丸つけをしていました。

このように、まとめて評価するのは、ほとんど意味がありません。

もっと「細かい」単位で、評価をしなくては、効果が薄くなってしまいます。

▼漢字ドリルは、１ページずつ厳しく評価する

漢字ドリルは、１ページずつ厳しく、なるべく一対一で評価するようにしましょう。

教師が厳しく評価し、合格することで、進められるというシステムにするのです。そうすることで、今までいい加減にやっていたのが、丁寧にやる気を持って取り組むようになります。休み時間や給食の前の時間などに、嬉々として漢字ドリルを見せに来るようになります。

決して「やらせっ放し」にせず、教師が厳しく評価することは、子どもの意欲を高めるのです。

✕ 漢字ドリルを全員分集めて、職員室でまとめて丸つけをする

教師も子どももだんだんいい加減になる

○ １ページずつ、なるべく一対一で評価する

教師も子どもも丁寧に行うようになる

Point

厳しい評価が逆に意欲を高める

12

ドリル以上のことを求め、学びの「上限」を取っ払う

漢字が得意な子は、あっという間にドリルを終えてしまいます。

しかし、それだけでは、漢字を使いこなす、という段階までは到達しません。

漢字が得意な子には、漢字ドリル以上のことを求めるようにするのです。例えば、「その漢字が入った熟語を5つ言ってごらん。」などと声をかけ、ドリル以上の語彙を求めるようにするのです。

▼「上限」を取っ払い、得意な子達を走らせる

漢字ドリル以上のことを求めるのは、漢字学習の「上限」を取っ払うことになります。

今までは、漢字ドリルに書いてある熟語だけを覚えておけばよかったのを、どんどん自分で調べて、たくさんの使い方を知ることができるようになるからです（5章「漢字活用練習」参照）。

すると、得意な子達が走り出します。漢字ドリルの枠を飛び出せば、「上限」はないからです。

実は、漢字指導において、苦手な子のことを考えるのも重要ですが、得意な子がいかに意欲的に取り組むようになるか、を考えるのも非常に重要です。この子達が走り出すと、その雰囲気、やる気が周りに伝播し、集団のレベルをぐっと高めてくれるからです。

×　漢字ドリルに書かれている漢字を覚えたら終わり

ドリルだけで満足してしまう

○　漢字ドリル以上のことをどんどん求める！

ドリル以外のこともどんどん挑戦するようになる！

Point
漢字が得意な子達には新しいことにもどんどん挑戦させる！

13

「漢字練習」と「漢字活用練習」を区別し、自分に合った学習を！

一般的な指導法では、「漢字練習」というと、全員が同じやり方（基本的には縦に連続して何回も書く方法）でノートに練習してくることを指すと思います。

ここには二つの問題点があります。

一つは、そもそも「漢字練習」のやり方自体が非効率で覚えにくいものになっているということです。後述しますが、一般的な練習の仕方、つまり「縦に連続して何回も書く方法」は無意識で作業的になったり、間違って覚えたりしてしまいます。

二つは、「漢字練習」と一口に言っても、漢字を「書ける」ようになるための練習なのか、それとも「使える」ようになるための練習なのかで大きく違うということです。

▼個人差に合わせた練習の仕方を示す

先述したように、漢字の力は、非常に大きな個人差があります。それなのに、全員が同じやり方で、同じ回数漢字を書いてくるなんて、冷静に考えればおかしいことです。

本書では、書けるようになるための練習として「漢字練習」を、使えるようになるための練習として「漢字活用練習」を提案します。何のためにに行うのかもきちんと子どもに自覚させます。

× 全員が同じ練習法

自分に合わない方法は進めづらい

○ 自分のレベルに合った練習法

自分に合った方法は進めやすい

▶Point
子どもに目的意識を持たせて取り組ませること

14 全員に画一的にノート練習させるのをやめる

一般的な指導法では、「今日はこの漢字をノートに練習してきましょう…明日はこの漢字を…」という具合に、教師が練習する漢字を決めています。

しかし、この方法には二つ問題があります。

一つは、画一的で非効率だということです。教師に決められた漢字を、既に書ける子も練習させられることになります。

二つは、子どもが常に受動的だということです。教師に決められた漢字を、決まったやり方で練習してくるだけです。そこには思考や工夫が働いていません。

▼「書けない漢字」を練習するようにする

そこで、子ども自身に自分の「書けない漢字」を見つけさせ、それを練習するように指示します。

もちろん、「書けない漢字」を見つける方法（「漢字チェック」）もきちんと指導します（5章参照）。

この方がとても効率的にまんべんなく漢字を覚えることができます。しかも、自分で「書けない」漢字を見つけ、それを練習するので、能動的・主体的に学習できます。また、漢字が苦手な子にとっても、自分が練習すべき漢字が明確になり、見通しを持ちやすくなります。

× みんなで全ての漢字をノートに練習する

子どもの思考や工夫が働かない

○ それぞれの「書けない漢字」をノートに練習させる

子どもが能動的に学習できる

▶Point
「書けない漢字」を見つけさせる方法もしっかり指導する

15

「漢字練習」は少ない回数で丁寧に書かせる

「漢字練習」と聞くと、たくさん書かなくてはいけないイメージがありますよね。ノートがびっしり漢字で埋まれば、「がんばった」となりがちです。

しかし、「漢字練習」の目的は、言うまでもなく「漢字を覚えること」です。「ノートを埋め尽くすこと」ではありません。

ここをはき違えると、「たくさん書きなさい！」という根性論になってしまいます。

そして、実は、たくさん書かせると、無意識になってしまい、雑になったり、字形を間違えて練習したりしてしまうのです。

▼回数よりも書き順通り丁寧に書くことを重視する

漢字を覚えるための「漢字練習」では、書いた回数よりも、書き順を意識しながら、丁寧に書くことを重視しましょう。回数は一文字につき5～8回くらいで大丈夫です（個人差あり）。

雑にたくさん書かせるよりも、よっぽど早く覚えられます。

ポイントは、書き順です。

書き順通りに、できれば声を出しながら書くことで、体が漢字を覚えていきます。

✕ とにかくたくさん書く

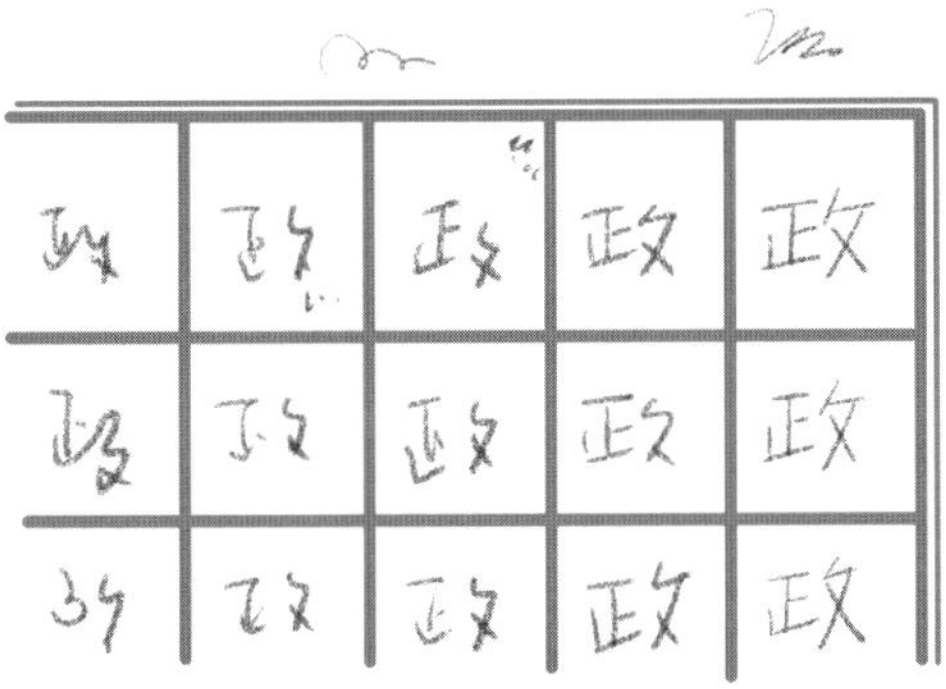

雑になったり、字形を間違えて練習したりしてしまう

○ 少ない回数でよいので丁寧に書き順通りに書く

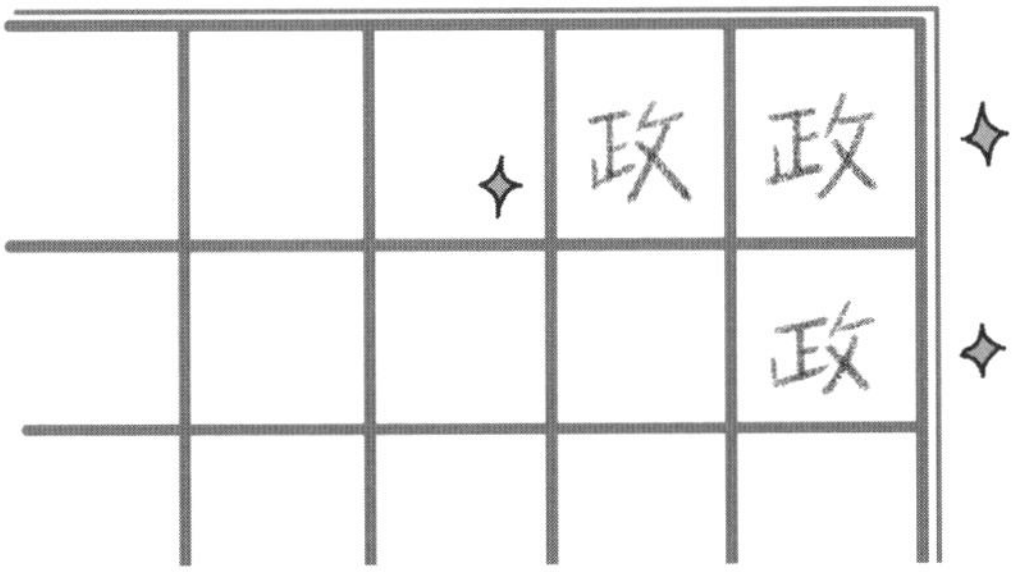

一つ一つの字を意識するので、早く覚えられる

Point

個人差はあるが、５～８回くらいでよいので、できるだけ丁寧に書き順通り書かせること

16 「漢字練習」は横に書いていく

「漢字練習」は「縦に上から下へダーッと何回も書いていく」というイメージがあります。私達が子どもの頃からそのような練習法だったからです。

なんとなく、縦にたくさん並んだ漢字を見ると、「勉強した！」という気にもなります。

しかし、実は一つの漢字を縦に何回も書くよりも、複数の漢字を一回ずつ、横に書いていく方が覚えやすいのです。

▼「忘れる」→「思い出す」という過程を組み込む

縦に書いていく方法だと、一つの漢字を何回も何回も書いていくことになります。

すると、無意識になり、雑になったり、部首だけ先に書いたり、間違えて練習してしまったりするのです。その結果、正しく覚えることができにくくなります（注7）。

一方、複数の漢字を一回ずつ、横に書いていく方法では、毎回書く漢字が変わります。新鮮な気持ちで丁寧に取り組みやすくなります。

そして、一回一回の間に「忘れる」→「思い出す」という過程が入ります。すると、何回も同じことをしているよりも記憶が強化されるのです（注8）。

×　一つの漢字を縦に続けて書き練習する

下にいくほど雑になり、間違えやすくなる

○　複数の漢字を横に並べて書き練習する

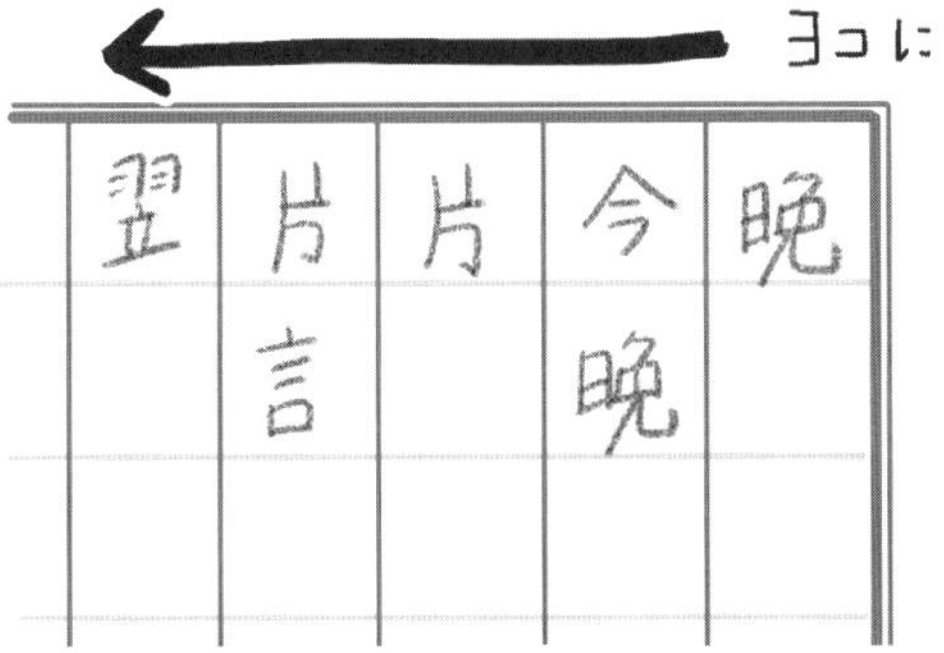

一回ずつ新鮮な気持ちで取り組める

Point

漢字練習は作業にならないよう、一つ一つの字に意識を持たせる！

17

熟語を書き出すだけでなく、意味を調べ、例文をつくることで身につく

一般的な指導法では、漢字練習ノートに取り組ませる際、辞書等で調べさせ、熟語などの漢字の「使い方」を書き出させることがあります。

私も初任者時代、そのようにさせていました。たくさん調べてたくさん書き出してきた子に、スタンプをあげていたら、多くの子が取り組むようになりました。

しかし、その時たくさん書き出していた子も、作文などで使いこなすということはありませんでした。ただ書き出すだけでは、使えるようにならないのです。

▼調べて書き出し、さらに意味を調べ、例文をつくるところまでやる

「書けない漢字」がたくさんある子は「漢字練習」に取り組みます。

一方、「書けない漢字」がほとんどない子は、漢字を使いこなせるようになるために「漢字活用練習」に取り組みます。

「漢字活用練習」では、熟語などの「使い方」を調べて書き出すだけではなく、書き出した熟語の意味をさらに国語辞典などで調べて書きます。さらに、その熟語を使って例文をつくらせます。

✕ 熟語を書き出して終わり

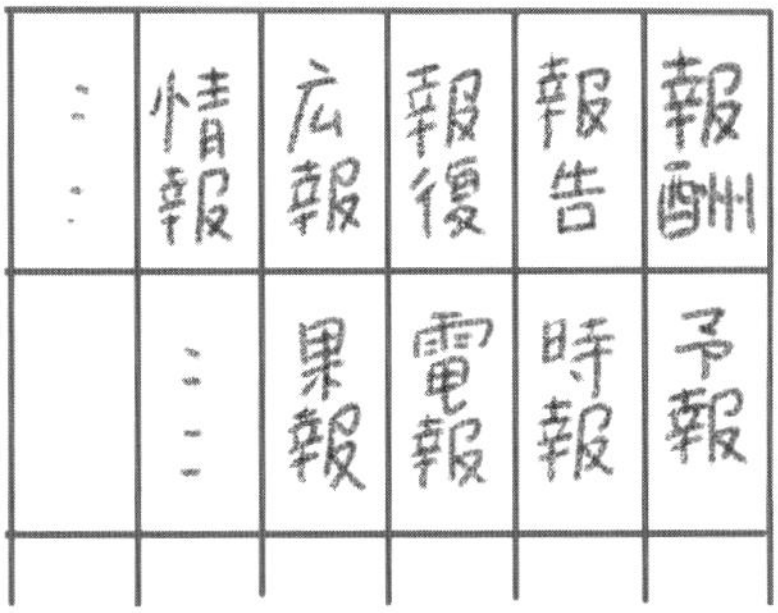

ただ書き出すだけでは使いこなせない

○ 熟語の意味も調べ、さらに例文をつくる

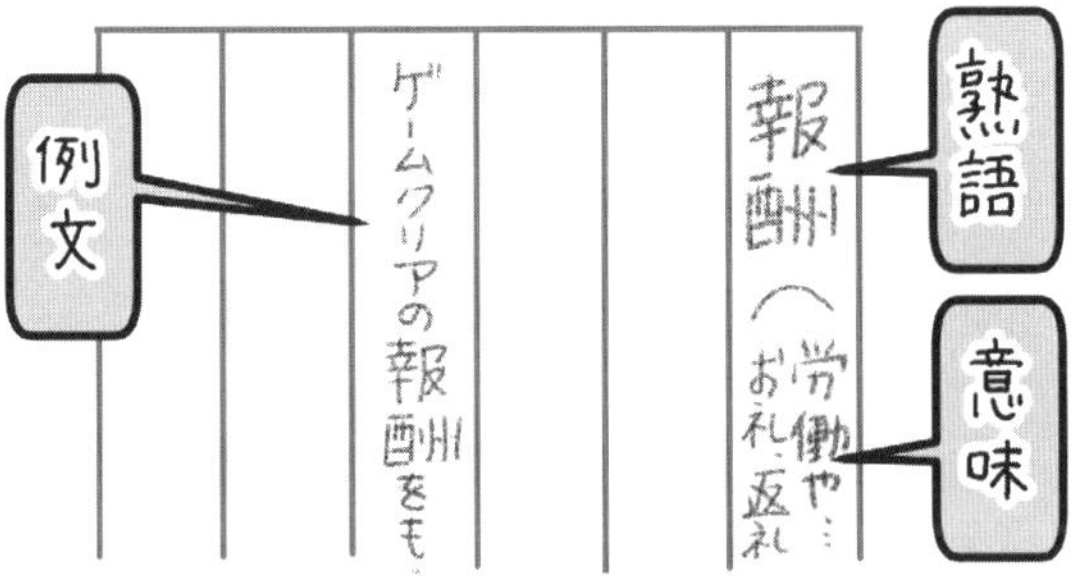

作文や日記でも使えるようになる

▶Point

使いこなすようになるには、書き出すだけでは不十分！

18 習っていない漢字もどんどん使わせる

「先生、習っていない漢字を使ってもいいですか。」

「先生、その漢字まだ習っていません。」

このような声が、年度初め聞かれます。

私は、前者の質問には、「すごいね！　そんな漢字を書けるの？　どんどん書いていいよ。間違えていたら先生が言ってあげるからね。」と、後者の指摘には、「よかったね。勉強になったね。」と答えます。

これを、「習っていない漢字は使いません。」「あぁごめんごめん。ひらがなで書き直しますね。」と教師がやるから、子どもは意欲的にならないのです。能動的にならないのです。

「先生から教えてもらえばいいや。自分からやらなくてもいいや。」となるのです。

▼子どもも教師も、習っていない漢字をどんどん使う

子どもにはどんどん習っていない漢字を使わせましょう。「漢字をたくさん知っているってかっこいい！」という風土が教室にできれば勝ちです。

教師も板書などでどんどん使いましょう。
子どもの「漢字を読む力」を育てることにつながります（注９）。

✕ 習っていない漢字を使わせず、教師も使わない

習った漢字しか覚えようとしなくなる

○ 習っていない漢字を使わせ、教師もどんどん使う

新しい漢字にも興味を持つようになる

Point
教師も子どもも習っていない漢字をどんどん使い、板書ではルビを振ること

19

「書けない漢字」を自分で見つける方法（「漢字チェック」）を教える

「書けない漢字」を練習する、と先ほど述べました。

その「書けない漢字」は、どうやって見つけるのでしょうか。

一番手っ取り早く確実な方法は、教師がテストなどをして見つけ、指摘することです。

しかし、教師が、クラス全員に対して、「あなたの書けない漢字はこれとこれとこれだよ。」と「書けない漢字」を教えてあげる、というのは現実的に考えて不可能です。

また、いつまでも教師がしてあげていては、子どもは自立しません。

▼自分で自分をテストする方法を教える

そこで、自分で自分をテストし、「書けない漢字」を見つける方法（5章「漢字チェック」参照）を指導するようにしましょう。そうすれば、子どもは自分で自分の「書けない漢字」を見つけられるようになります。

そして、見つけた「書けない漢字」を練習し、習得していけば、「書けない漢字」はなくなります。

片っ端から全漢字を練習するよりも、「書けない漢字」を練習していく方がはるかに効率的に学習を進めていくことができるのです。

✕ 「書けない漢字」を教師が指摘する

クラス全員に全ての漢字を指摘するのは不可能

○ 「書けない漢字」を自分で見つけさせる

自分で見つけることで、自立にも向かう

Point

「書けない漢字」を指摘するのではなく、子ども自身で見つけられる方法を指導していく

20

自分で自分をテストすることで、記憶が強化される

子どもが自分で自分の「書けない漢字」を見つける方法（「漢字チェック」）を指導すべき、と先に述べました。回数や規模の限られている教師によるテストに頼るのではなく、子どもが自分で自分をテストできるようにすべき、ということです。

「漢字チェック」ができるようになると、子どもが自分で自分の「書けない漢字」を見つけられるようになり、「漢字練習」の効率が格段に上がります。

しかも、この方法を繰り返すと、記憶が強化され、より漢字を覚えられるようにもなるのです。

▼「忘れる」→「思い出す」の繰り返しが記憶を強化する

自分で自分をテストすることで、記憶が強化されるのです。

「漢字練習」でも、横に書いていくことで、「忘れる」→「思い出す」という過程を練習の中に組み込むことで、記憶を強化していました。

「漢字チェック」でも同じように、「忘れる」→「思い出す」という過程が組み込まれています。基本的に漢字ドリル一冊丸ごとチェックしますから、何度も忘れて、思い出そうとするのです。

✖ 一度ドリルやノートに練習したらテストまで試さない

なかなか記憶が強化されにくい

○ 何度も自分で書けるかどうか試す

忘れる、思い出すが繰り返され、記憶が強化される

▶Point

自分で自分をテストすることによる記憶の強化も視野に入れて指導する

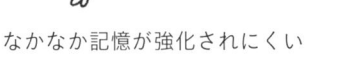

21 テストは「される」から「する」へ

自分で自分をテストする方法（「漢字チェック」）を指導し、子どもができるようになることには、どのような意義があるのでしょうか。

それは、「自立」した学習者へ向かう一歩だという、大きな意義があります。

今までは教師から指定された漢字をただひたすらノートに練習していました。

しかし、「漢字チェック」で自分でテストをできるようになった子ども達は、「書けない漢字」を見つけたり、自分の漢字の習得具合を試したりするための教師の助けを必要としません。

これはとても大きなことなのです。自分で自分の状況をつかみ、自分で学習を進めていけるということです。

▼「漢字チェック」を自然に、いつでもできるように指導する

子どもにとって、「漢字チェック」はこれまで受けてきた指導では、なかなか目にしたことのない活動だと思います。しかし、本書の指導法の「核」の一つでもあります。丁寧に指導しましょう。

そして、ゆくゆくは、自分一人で、いつでも自然にできるように育てていきましょう。

×　自分で自分をテストする方法を知らない

テストがいつも教師任せになる

○　自分で自分が書けるかどうかテストする方法を知っている

テストが自分事になり、自分で学習を進めていける

Point

「漢字チェック」は本書の指導法の核！

22

真の漢字力は、抜き打ちテストでこそはかれる

一般的な指導法では、小テストも50問テストも基本的には予告した上で行います。もちろん予告ありテストにも、子どもが見通しを持ちやすいなどのよさはありますが、予告ありテストでは、子どもの真の漢字力をはかることができません。

真の漢字力は、書こうと思った時にサッと書けるかどうかということです。つまり、抜き打ちテスト（初見問題・予告なし）でこそはかれるのです。

▼抜き打ちテストにすることによる効果

漢字テストを抜き打ちにすることで、子ども達にどのような効果が表れるでしょうか。

まず、抜き打ちに対応ができるように、日頃から教師から言われずとも「漢字練習」や「漢字チェック」を自らするようになります。

また、テスト問題も予告されないため、一つの漢字に対して様々な「使い方」を知っておこうとするようになります。

抜き打ちテストをすることは一見厳しいようですが、このような効果もあるのです。必ずしも抜き

打ちでなくてはいけない、ということはありませんが、実態に合わせてできる限り挑戦しましょう（注10）。

× テスト問題と実施日時を予告してテストを行う

その場しのぎで丸暗記する子も出てくる

○ 抜き打ちテスト（初見問題・日時予告なし）を行う

普段から勉強するようになる

▶Point
子どもの実態に合わせて行うべきだが、なるべく抜き打ちに近づけていく

23

テストも「読み」から行うと、子どもに自信がつく

漢字のテストというと、どうしても「書き」を思い浮かべます。

「読み書き分離指導」をすべきと先に述べましたが、テストも同様です。

「読み」のテストを先に行う方が、理にかなっています。そして、「読み」の方が習得しやすいので、漢字が苦手な子ほど、自信をつけることができます。

「なんだ、自分も漢字を読めるようになれるじゃないか！」

このように自信をつけた子は、「書き」の学習にも意欲を示すようになるのです。

▼「読みテスト」を先に行う

読みのテストはあまり売られていないので、自分でつくります（注11）。

出題範囲は漢字ドリル一冊全体です。毎回の国語の授業で「漢字ドリル音読」をして、一冊丸ごと音読しているので、漢字が苦手な子でも思いの外できます。

そうした事実をテストの点数として、実際に示してあげることで、「書き」の学習への意欲につなげるのです。

× いきなり「書き」の漢字テストを行う

書ける漢字が少ないと自信をなくす子も出てくる

○ まずは「読み」の漢字テストから行う

読みだけなら書ける子も多い

▶Point
普段の「漢字ドリル音読」で鍛えてよい点をとらせ、「書き」への意欲につなげる！

24 漢字テストを通して、「丁寧さ」を指導する

最近は、あまり細かく漢字の字形をチェックしない風潮があります。

私は、厳しくチェックすべきだと考えています。

特に、雑に書いてある字に関しては、迷いなくバツをつけます。そのように子どもにも宣言します。

漢字指導では、漢字だけを教えているわけではないからです。

私は、漢字指導を通して、子どもに「粘り強く取り組む姿勢」「自主性」「丁寧さ」などを育てたいと考えています。

雑に書いている字を丸にしていては、「丁寧さ」を育てられないのです。

▼「丁寧さ」は他の場面にも波及する

なぜ「丁寧さ」を育てたいかというと、「丁寧さ」は漢字指導以外の面にも波及していくからです。

「丁寧に」物事に取り組める子は、集中力が高まります。少しのことでは投げ出さない粘り強さも身についていきます。これらは、漢字はおろか教科の枠をも飛び越えた力です。

学級担任をするとなれば、これくらいのことを考えながら、教科指導にもあたらなければいけませ

ん。そうでなければ、筋の通った、一貫性のある指導などできません。

✖ いい加減に書いてあっても丸にしてしまう

丁寧に書く習慣が身につかない

● 雑に書いてある字はバツにする

どんなことでも丁寧に取り組むようになる

▶Point

漢字指導を通して、漢字以外の面も育てる意識を持つ

25

漢字テストの空欄を埋められる力は、漢字力のほんの一部である

「漢字が得意」とか「漢字力が高い」とは、いったいどんな力があることなのでしょう。

子ども達に尋ねたら、十中八九、「漢字テストで100点がとれること」だと口にするでしょう。

しかし、テストで100点をとれることがそのまま「漢字力が高い」ということではありません。

特に、予告ありの漢字テストで空欄を埋められ、テストで100点をとれたからと言って、それは漢字力のほんの一部に過ぎません。

まずは、教師がこのような認識を持つことです（1章参照）。

子どもが、漢字を自在に使いこなせる、という段階を目指さなくては、指導も縮こまったつまらないものになってしまいます。

▼教師も子どもも、空欄を埋めるだけの漢字テストで満足しない

子どもが漢字を使いこなせるようになるには、空欄を埋めるだけの漢字テストで満足しないことです。教師も、子どももです。テストの空欄を埋められるということは、単に「書く力」があるというだけの話です。使いこなすには、出題されている以外の使い方でも書けなくてはいけないのです。

そこで、私は5章に示すような「熟語書き込み」などの方法を考えました。

✕ 空欄を埋められたら合格

ほんの一部の漢字力しか身につかない

○ 空欄を埋められるのは当たり前！そこからが勝負！

自在に使いこなせる段階を目指せるようになる

▶Point
教師も子どもも、漢字テストの空欄を埋められただけで満足しないこと

注1．本書は学術書ではなく実践者向けの書籍なので詳述は避けますが、「メタ認知」とは、ジョン・H・フラベルというアメリカの心理学者が定義した概念で、もともとは認知心理学で使われていた用語のことです。平たく言えば「自分の認知したこと（記憶、学習したこと、考えたことなど）を認知すること」です。メタ認知には、自分の長所や短所を知ることなどの「メタ認知的知識」とそれを踏まえて現在の自分自身がどうか確認したり、対策を講じたりする「メタ認知的活動」とがあります。「メタ認知的活動」の中でも「現在の自分自身がどうか確認する」という部分が「メタ認知的モニタリング」、「対策を講じる」という部分が「メタ認知的コントロール」とそれぞれ呼ばれ、区別されています（「メタ認知」に関して詳しく知りたい方は三宮編（2008）をご覧ください）。そして私は、子どもにとって「現在の自分自身がどうか確認する」ということこそ難しいと感じていました。なぜなら何度も本書の中で述べている通り、一般的な指導法ではテスト以外で漢字が書けるかどうか試されないからです。子どもにとっては、自分で自分を確かめる、というのはなかなか難しく、その方法を明示的に指導される必要があると考えました。その結果、「漢字チェック」という、自分で書けるかどうか確かめる方法を指導することにしたのです。

注2．このことについて詳しくは、小林（2002）をご参照ください。

注3．例えば比較的最近のものであれば、岡・神戸落ち研（2002）で提唱されている「さかのぼりくり返し」の方法や道村（2010）で提唱されている「唱えて書く」方法など、様々な指導法があります。これら一つ一つは効果もあるので良いところを適宜取り入れるとよいでしょう。

注4．教師が漢字指導に何を用いているのかを調査した棚橋（2015）では、約82％の教師が漢字ドリルを用いて指導している、ということを明らかにしています。このことは、私達はどの学校に行っても基本的には漢字ドリルを用いて指導することになることを表しています。

注5．漢字の読み書き分離指導は、既に明治期の終わりには存在していた考え方です。諸見里朝賢・奥野庄太郎（1921）にはその萌芽が見られます。

注6．「自分のペースで進めさせる」漢字指導に関して、群馬の深澤久先生のご実践を参考にさせて頂いています。詳しくは深澤（2016）をご覧ください。

注7．このことは福嶋（2017）でも指摘されています。

注8．このことは脳科学でも立証されており、一旦忘れたことを思い出そうとすることを「想起」といい、これを活かした学習法を「想起練習」といいます。

注9．このことは、野口芳宏氏も野口（1998）などで主張しています。

注10．全て「抜き打ち」にせよ！ということではなく、実態に応じて取り入れてください。予告ありテストと抜き打ちテストを織り交ぜて行っていくというのももちろんアリです。

注11．教科書や漢字ドリルに出てくる熟語をパソコンで打ち出して、その読みを書いていくテストを作成するとよいでしょう。初めは教科書教材の本文に出てくる熟語を出題するなど、簡単なものにするとよいです。慣れてきたら、漢字ドリルの熟語例などから出題するなど、難易度を上げていきましょう。出題数は、なるべく多くすることをおすすめします。漢字の書きのテストに比べ、読みのテストはひらがなを書くだけですので、短時間で多くの問題を解けるからです。漢字ドリル一冊分を範囲にしてしまってもよいでしょう。一度のテストで多くの漢字の読みを網羅し、何回かテストも繰り返すことで、子どもの漢字を読む力が確実についていきます。

第3章

イラストでわかる！漢字ドリル音読

1 イラストでわかる！ 漢字ドリル音読の手順

本章では漢字ドリル音読についてイラストを交えてわかりやすく紹介します。

漢字ドリル音読は（以降「音読」と表記します）、本書の漢字指導法において非常に重要な柱の一つです。特に、「読み書き分離学習」を成立させ、苦手な子を巻き込んでいく上で肝となってきます。

まず本項では活動の手順を知り、全体像を押さえましょう。

▼漢字ドリル音読の手順

①4月中～5月頭くらいまで、国語授業の初めには漢字ドリル音読をやることを子どもに伝えておく。
②授業開始時刻になると同時に「よーいスタート。」と声をかける。
教師は、子どもに見える位置においたタイマーをスタートする。
子どもは、自分の今取り組んでいる箇所をしっかり声を出して、できるだけ素早く音読する。

③一周読み終えたら、「はいっ！」と手を挙げ、タイムを記録する。
④タイムを記録したら、設定時間になるまで、二周目、三周目と取り組む。
●２週間ほど取り組んだのちは、漢字読みクイズを出すとよい（黒板に漢字を書いて、「読める人？」と尋ねる）。

①子どもに伝える

②音読を開始する

③一周終わったらタイムを記録

④設定時間まで取り組む

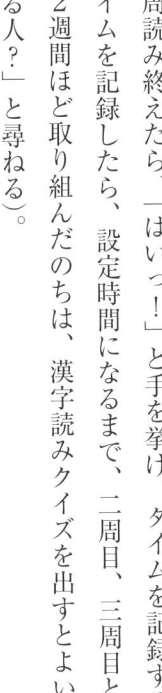

2 最初の一か月は音読に集中的に取り組む

年度の初めや学期の初めに、漢字ドリルを配布してから約一か月は必ず国語授業で音読に取り組みます（子どもにも伝えておきます）。

これは、クラス全員に「読み」の徹底、先習を図るためです（注1）。

▼「読み」の力を全員に保障する

音読に授業で取り組むことで、全員に「読み」の力を保障します。漢字を読める、ということは日常生活を生きていく上でも非常に重要です。漢字を書く機会が減ってきていることも踏まえると、漢字を書ける力よりも重要と言えます。

▼読みテストと連動させる

音読に取り組む期間は、読みテストを行い、それの結果を見て決めるといいでしょう。

ほぼ全員が漢字を読めるようになれば、一か月以内であってもやめてもよいです。「一か月」というのはあくまで基準です。

最初は読むのに時間がかかる

一か月後は慣れてすらすら読めるようになる！

Point
最初の音読で「読み」を徹底し、自信をつけさせる

3 漢字ドリル一冊丸ごと音読する

漢字ドリル音読では、漢字ドリルの新出漢字を一冊丸ごと音読します。

「一冊丸ごと」というところが肝です。このページまで、この単元のところだけ、などと区切ることはせず、必ず「一冊丸ごと」音読するようにしましょう。

▼一冊丸ごと読むと達成感がある

漢字ドリル一冊丸ごと読むことで、達成感を得られます。苦手な子にとっては漢字ドリルというのは、目にするのも嫌な、いわば「天敵」みたいなものです。それを「読み」だけとはいえ、毎日の国語授業で一冊丸ごと音読することで達成感を得られ、「克服」していく気になっていきます。

▼「見慣れて」から書くことで苦手な子も覚えやすい

「一冊丸ごと」音読することで、書く練習に入るのはまだまだ先の漢字も毎日目にし、読むことになります。そうすることで、全員が「見慣れて」いきます。

その上で漢字を書く練習に入れるので、苦手な子も、いきなり「読み書き同時」に教えられるよりも覚えやすいのです。「読み書き分離学習」にしていくということです。

一冊丸ごと音読する

自信や達成感が身につく！

▶Point
一冊丸ごと読ませることで、達成感を持たせ、読み書き分離学習を成立させる！

4

音読導入時は読む箇所を全員でしっかり確認する

音読は、漢字ドリルを一冊丸ごと音読するだけのシンプルな活動です。シンプルゆえに子どもも取り組みやすく、熱中しやすいものです。

シンプルだからといって、いい加減に伝え、いきなりやらせてはいけません。子どもはやり方をしっかり理解してこそ安心して取り組むことができます。

音読を始める前に、まずは全員でしっかり活動内容を確認しましょう。

▼新出漢字の読みの部分を読む

音読で読む箇所は、基本的に新出漢字の読みの部分です。

「情」という字であれば、「ジョウ・なさ（け）」と書かれているところです。

また、読むページも新出漢字のページのみです。漢字テストなどのページは読みません。

▼確認した後、全員で声を合わせて読んでみる

読む箇所を伝えた後は、全員で声を合わせて音読してみましょう。

口で伝えただけで満足してはいけません。全員でページをめくりながら、読む箇所を確認し、活動の全体像をつかませ、見通しを持たせていくのです。

読む箇所を全員で確認する

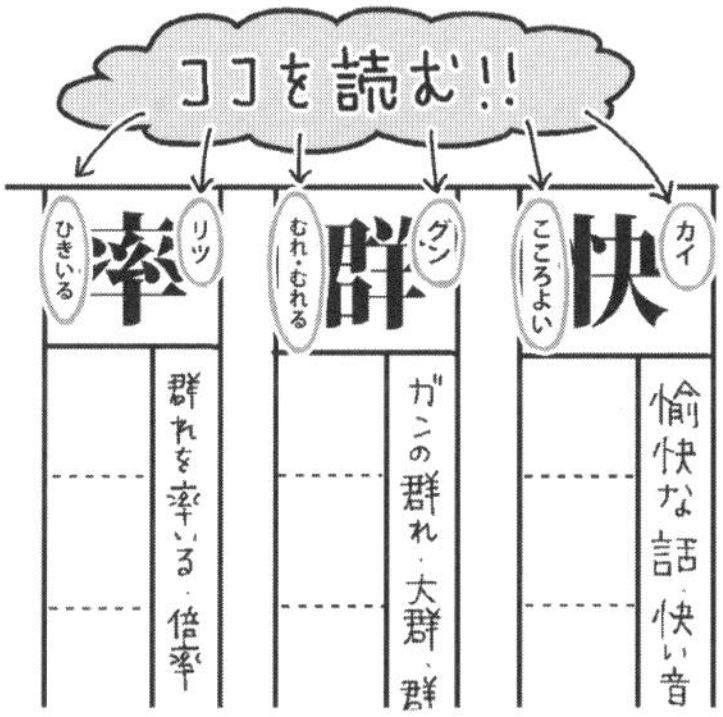

子どもは安心して取り組める

▶Point
活動を浸透させるには、活動内容を全員でしっかり確認する必要がある

5 声をしっかり出させる

読む箇所を確認しただけだと、ボソボソと読む子もいます。しかし、ボソボソと読むだけでは音読の効果が薄れてしまいます。音読では声をしっかり出させましょう。

声をしっかり出すことによる効果を子どもにきちんと伝えたり、まずは1ページだけ読ませてしっかり声を出しているかチェックしたりするなどして、声を出させていきましょう。

▼声をしっかり出して音読して、自分の声を自分の耳で聞く

ボソボソと音読していては、自分の声が自分であまり聞こえません。

音読の効果は、ただ字を読み上げるだけではなく、その声を自分で聞くことによって増します。読み上げた声を自分で聞くことで、漢字の読みも覚えていけるのです。

▼明るく、前向きになる

声をしっかり出すことによる効果は、漢字の読み習得のみではありません。

声をしっかり出させることで、クラス全体が明るく、前向きな雰囲気になっていきます。声を出す

ということは、エネルギーを外に向かって出すということだからです。

漢字指導を通して、活発なクラスの雰囲気をつくっていくこともできるのです。

声が小さいとクラスの雰囲気も静かなままに…

明るく大きな声は雰囲気も明るくする

Point

音読を通して、読みを覚えると同時にクラスの明るい雰囲気をつくっていける

6 素早く読ませ、タイムを記録する

声がしっかり出るようになったら、なるべく素早く読ませるようにします。

そのために、毎回の一冊読み終わるタイムを記録させていくようにしましょう。

子どもは、毎回タイムが縮まっていくことで、昨日の自分と競い、自分の成長を感じられ、より熱中していきます。

▼素早く読むことのメリット

素早く読ませることで、一冊丸ごとの漢字の読みをより短時間で音読することができます。

ということは、より短時間で何度も音読をこなすことができ、より漢字の読みを習得しやすくなるということです。このようなメリットも子どもに伝えるようにしましょう。

▼記録することは次の目標設定になる

音読に限りませんが、どんな活動でも「やらせっ放し」はいけません。

子どもの取り組みを持続させるには、必ず成長過程の実感が必要です。

タイムを記録していくことは、「昨日よりもタイムが縮まった！」などと自分の成長を実感できることになり、「もっといいタイムを出そう」という次の目標設定にもつながるのです。

素早く読ませ、タイムを記録する

記録することで、成長を可視化できる

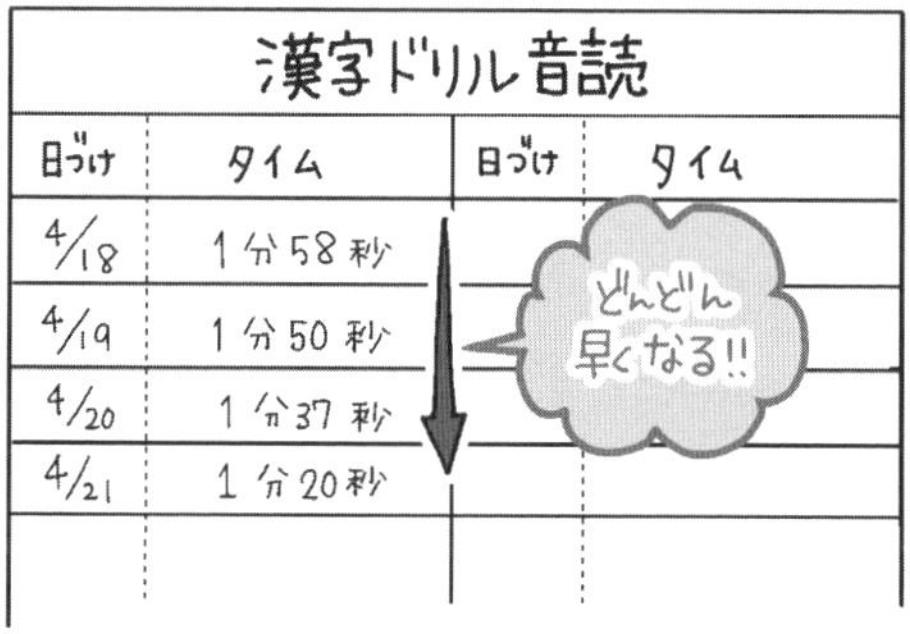

漢字ドリル音読			
日づけ	タイム	日づけ	タイム
4/18	1分58秒		
4/19	1分50秒		
4/20	1分37秒		
4/21	1分20秒		

どんどん早くなる!!

▶Point
タイムを記録することで、自分へのフィードバックをさせていく

7

「基準タイム」を設け、合格したら他の箇所を読ませていく

音読を繰り返していくと、どんどんタイムが縮まっていきます。早い子では、一冊丸ごと一分以内に読み上げてしまいます。しかし、この子達を放置しておくと、徐々に意欲を失っていき、クラス全体の活動が停滞していきます。

音読が早い子のやる気を持続させていくためにも、「基準タイム」を設けましょう。

▼基準タイムの設け方

「基準タイム」は、教師が本気で素早く音読してみてタイムを計測してそのタイムに設定するか、漢字ドリル音読に取り組み始めてすぐの段階で、クラスで一番早い子のタイムから10秒ほどを引いたタイムがちょうどよいでしょう。

▼合格した子には熟語や例文を読ませ、全員が全力を出せる場をつくる

「基準タイム」への挑戦は、授業中や授業外でも、教師が確認してあげるとよいでしょう。

見事合格した子は、授業での音読では、熟語や例文の箇所を読むことにします。これは、「語彙力」

にもつながっていきます。クラスの中の「得意な子達」をどんどん先に走らせていくのです。

音読を繰り返すと、どんどんタイムが縮まる

基準タイムの設定で、明確な目標ができる

Point
活動の停滞は「得意な子達」を走らせることで防ぐ

8

読みクイズや読みテストで成果を実感させる

音読の目的は、漢字の読みの定着です。

約一か月間授業で集中的に取り組んでいくと、読みがかなり定着していきます。

読みができるようになってきていることを、子ども達にも実感させていきましょう。

▼毎回の音読の後に、サッと読みクイズを出す

授業中の音読を終えたら、教師が黒板に漢字を一文字書き、「読める人?」と尋ねましょう。音読を繰り返していけば、ほとんど全員の手が挙がるようになっていきます。

▼読みテストを行う

2章でも述べたように、「読みテスト」を先に行うとよいでしょう。出題範囲は漢字ドリル一冊丸ごとです。これを約一か月間音読に取り組んだ後に行うのです。

子ども達は「読めるようになった!」と、苦手な子ほど自信をつけることができます。

このように、漢字ドリルの音読を核としながら「読み書き分離学習」を成立させていくのです。

全員に読みが定着してきたら…
クイズやテストで成果を実感させる

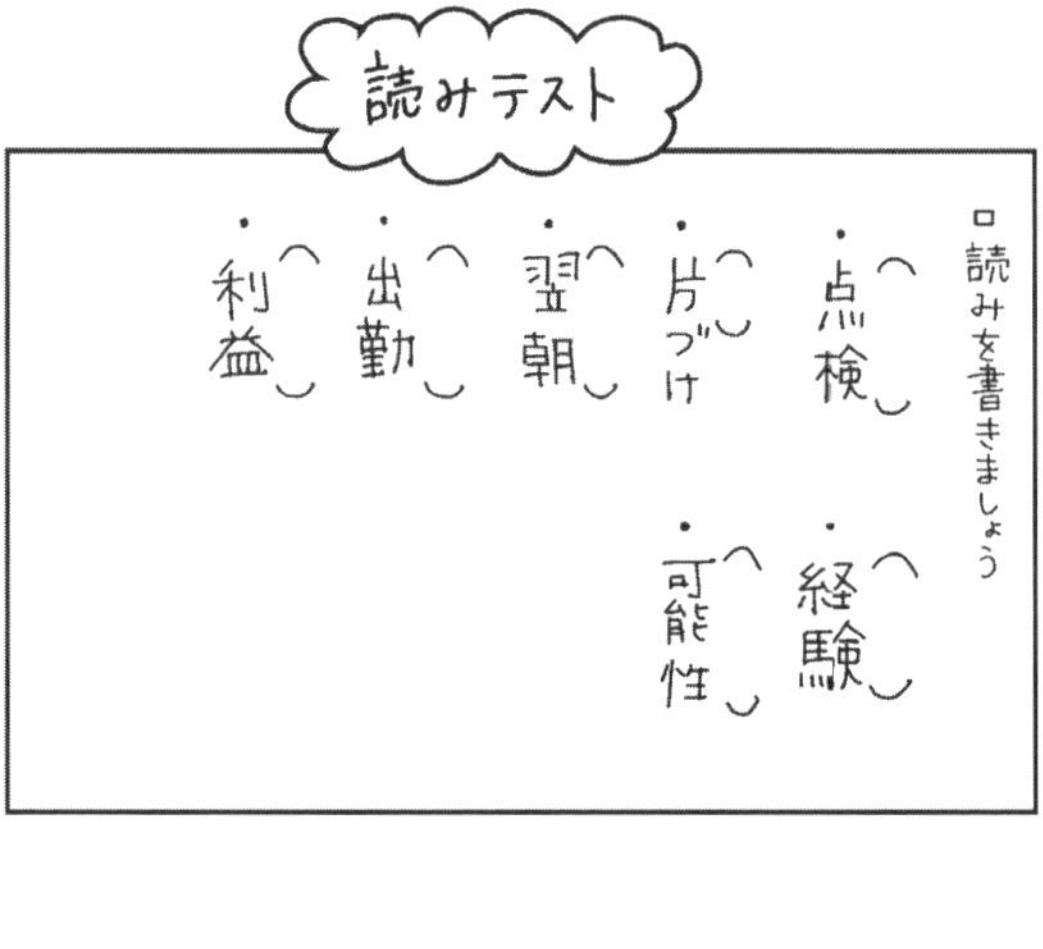

「読みテスト」の詳しい作成の仕方は２章注11をご覧ください。

Point
読みの定着を実感させ、書きの意欲につなげていく

注1．漢字を読む力が漢字を書く力にも関わるということは、一般的に考えて頷ける話です。例えば、「読めるけれど書けない」ということはよくありますが、「書けるけれど読めない」ということはなかなか想像がしにくいでしょう。漢字の読字力と書字力との関連に関する研究は、外国人日本語学習者を対象に調査した、大和・玉岡・熊・金（２０１７）や斉藤・大神・大和（２０１９）が詳しいです。そして、このことは先述の「読み書き分離指導」の裏付けにもなります。まずは「読み」を定着させてから、「書き」の定着を図る方が効率的です。本書の指導法では、この方針を採ります。

第4章

イラストでわかる！
漢字ドリル

1 イラストでわかる！漢字ドリルの進め方

音読と同じように、漢字ドリルの進め方も本書の漢字指導における重要な柱の一つです。

本章では、漢字ドリルの進め方を紹介します。

まず本項でイラストを交えながら漢字ドリルの全体像を紹介します。その後の項でさらに詳しく紹介していきます。ここに示す内容は、子どもにも丁寧に説明し、自分一人でできるように指導します。

次の図を漢字ドリルにコピーして貼らせるなどして、徹底していきます。

▼新出漢字ページ部分の漢字ドリルの進め方

（群馬の深澤久先生のご実践を参考にしています）

①音読三回。（読み、例文、熟語）
②書き順の声を出しながら、「大きな漢字」を指なぞり三回。（「**指なぞり**」）
③書き順の声を出しながら、「1、1・2、1・2・3、…」と一画目に戻りながら「大きな漢字」を指なぞり三回。（「**書き順指なぞり**」）

④書き順の声を出しながら、空書き三回。（「**空書き**」）
⑤１ミリもはみ出さずに鉛筆でなぞる。（「**鉛筆なぞり**」）
⑥丁寧に鉛筆で全てのマスを埋める。（「**鉛筆書き**」）
⑦１ページできたら、教師に見せ、点検を受ける。以降、自分のペースで進める。

①音読

②指なぞり

③書き順指なぞり

④空書き

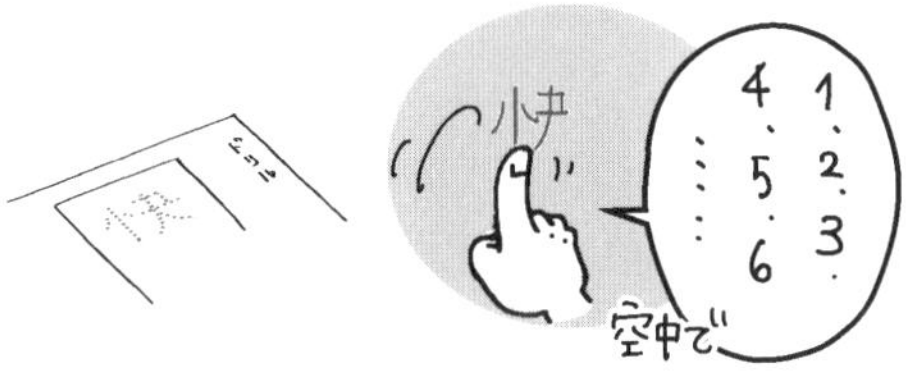

⑤鉛筆なぞり＆⑥鉛筆書き

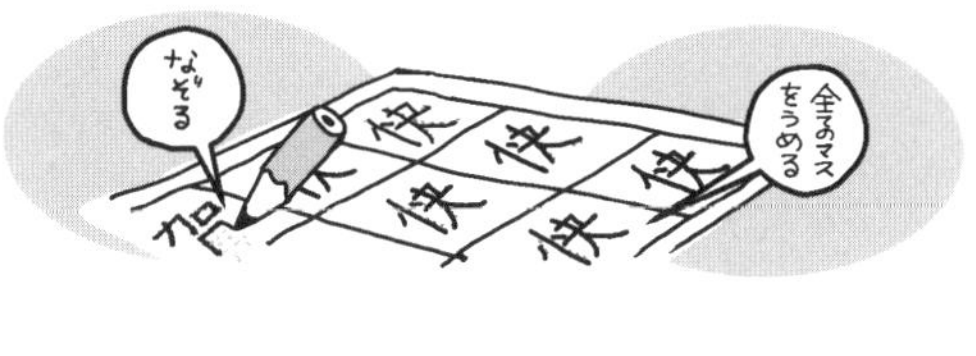

2 漢字ドリルの進め方①

音読

まずは、新出漢字を音読します。

音読（3章で述べた指導）でだいぶ見慣れ、読めるようになっているはずですから、すらすら読むことができるでしょう。改めて音読することで、読みを再確認します。

▼声を出してはっきり読む

音読の指導の時と同じように、声をしっかり出してはっきり読むようにします。

ここでは素早さは必要ありませんので、声を出して、正確に読むようにも意識させます。

読みを間違えて覚えないようにするためです。

▼読む箇所を確認する

音読の指導の時と同じように、読む箇所をしっかり確認しましょう。

読む箇所は、新出漢字の読み・例文・熟語の部分です。

どの漢字ドリルを採用していても、基本的にはこれらの項目はあるはずです。

音読の読む箇所

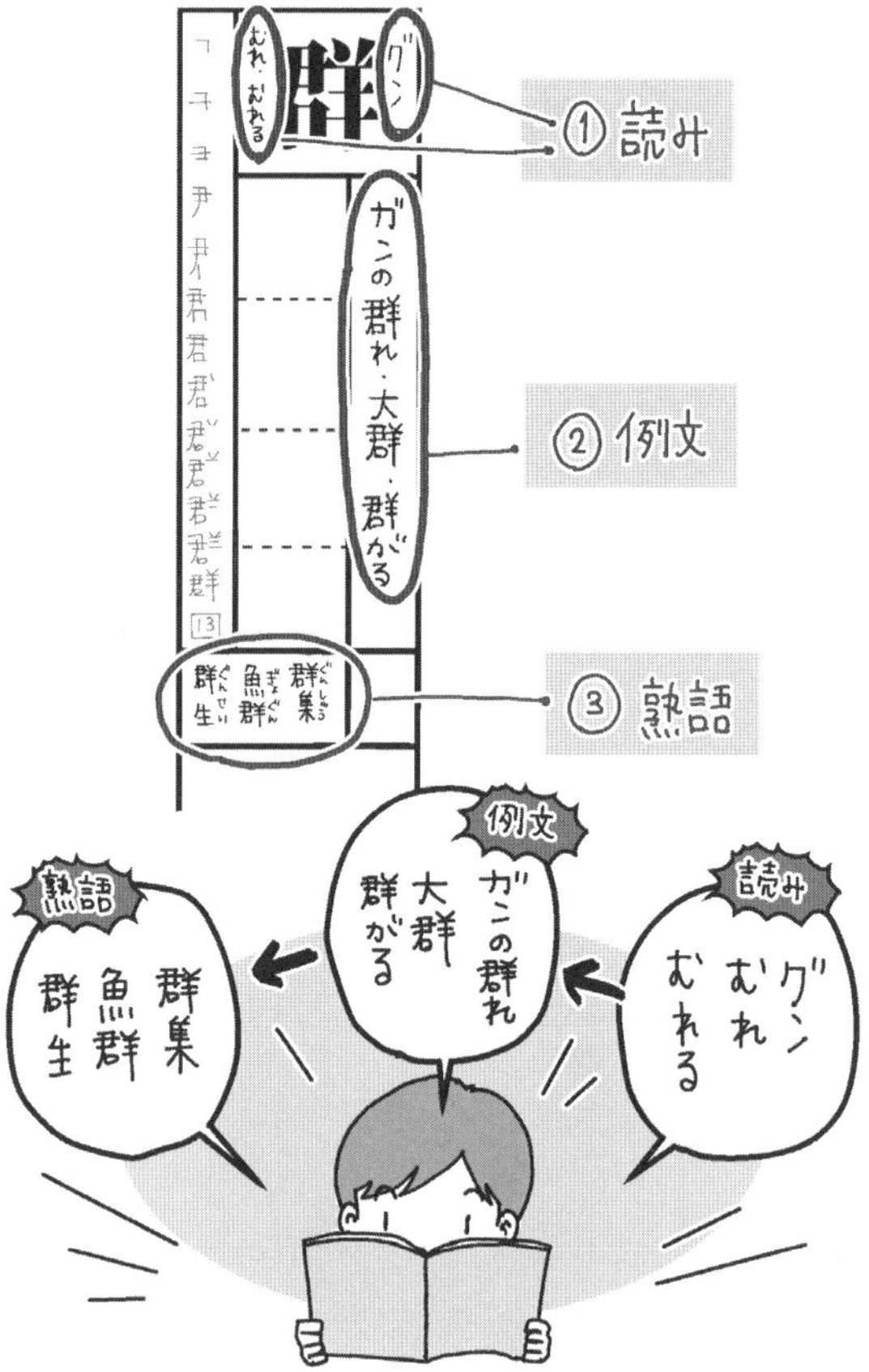

▶Point
「書き」に入る前に音読で「読み」の再確認を！

3

漢字ドリルの進め方②
指なぞり

音読をした後は、大きな字を指なぞりします。

ここでの目的は、形と書き順の「確認」です。

なるべく書き順を声に出させてなぞらせるようにしましょう。

▼形を正確になぞらせる

漢字の形を正確になぞらせるようにします。

「正確に」とは、とめ・はね・はらいなど細部や長短のバランスなどに気をつけて、ということです。

この指なぞりの時点で、漢字の形を細部まで確認しておくのです。

▼書き順を確認した後、書き順通りになぞらせる

必ず「書き順」の項目を見て、書き順を確認してから指なぞりに入らせましょう。

「書き順」の項目を目で見て確認し、次に指なぞりで指（体）でも確認するというイメージです。

この段階ではあくまでも、書き順の「確認」です。体に染み込ませていくのは、次の「書き順指な

ぞり」です。書き順は「1、2、3…」と声に出させるようにしましょう。

形と書き順の確認

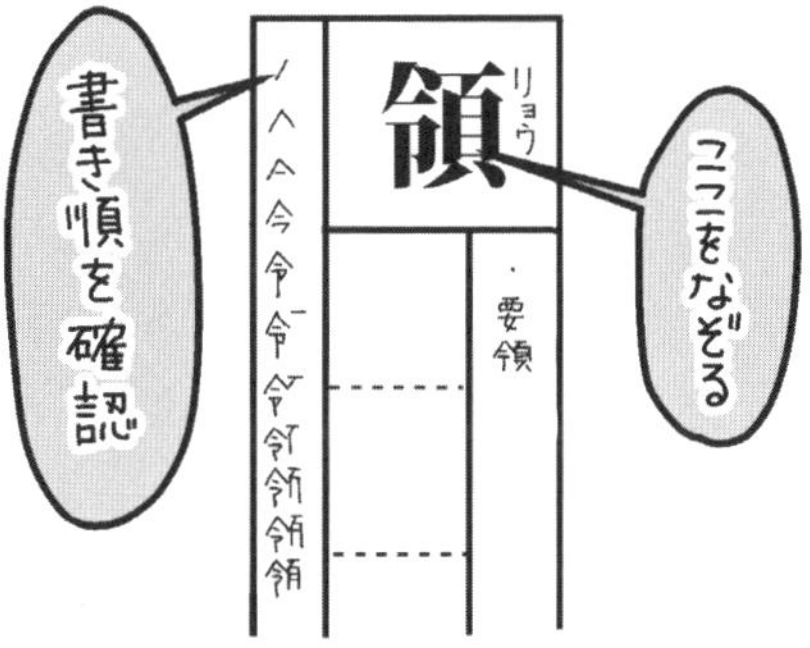

確認後、声を出してなぞる

Point
まずは「指なぞり」で形と書き順を確認する

4

漢字ドリルの進め方③
書き順指なぞり

「指なぞり」の後はいよいよ最も重要な「書き順指なぞり」です。

この「書き順指なぞり」の目的は、書き順を指や体に「染み込ませる」ことです（注1）。

▼一画目に戻りながら、なぞりを繰り返す

この「書き順指なぞり」のやり方は、一画目に毎回戻りながら指なぞりをしていく、ということです。

例えば、十画の漢字であれば、「1、12、123、…12345678910」と一画目に戻りながら、一画目まで、二画目まで、三画目までと徐々になぞる画数を増やしていくということです。

▼書き順を声に出してなぞることで、目と耳と指（体）とで覚える

書き順を必ず声に出して行わせましょう。声を自分の耳でも聞き、体で覚えることができます。

字を書けるようになる（文字学習）上では、ある程度の「繰り返し」は欠かせません（注2）。

だからと言って、単に何度も書かせるというのでは非効率です。そこで、「書き順」を効果的に用います。毎回書き順通りに書くことによって、体が「覚えている」という状態に持っていくのです。

①一画目をなぞる

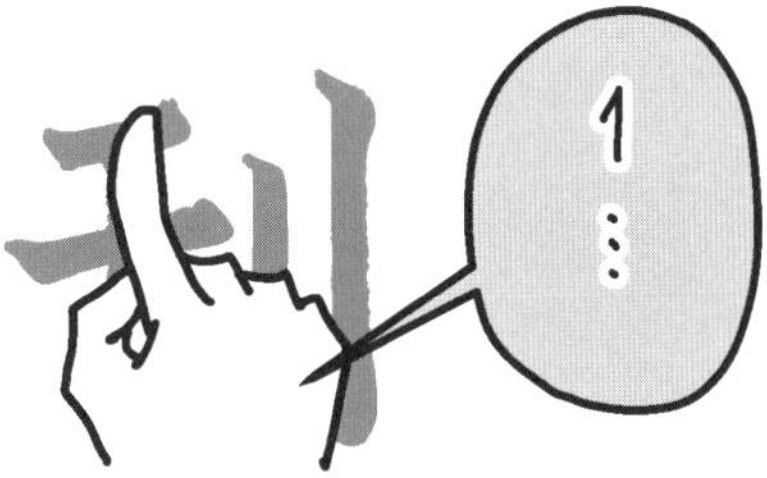

②一画目から二画目までなぞる

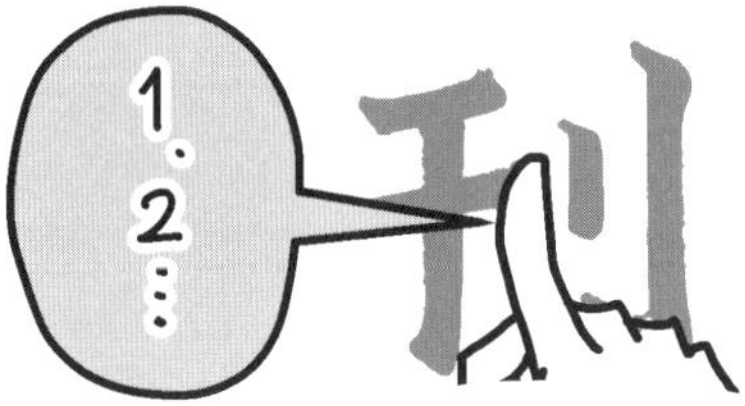

③一画目から三画目までなぞる

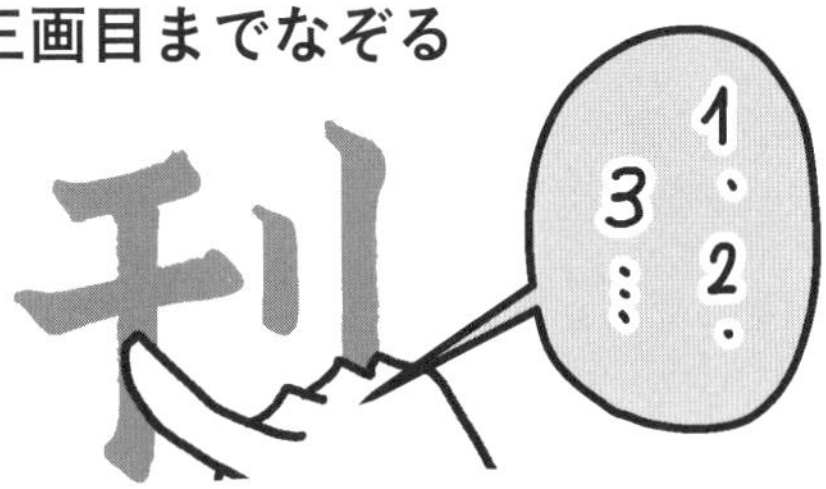

④一画目から四画目までなぞる

5

漢字ドリルの進め方④ 空書き

「書き順指なぞり」で書き順を体に染み込ませた後は、「空書き」です。

いよいよ鉛筆を使って書く一歩手前の行程です。空書きの際も書き順を声に出させるようにします。

▼空中に漢字を再現する

空書きとは、読んで字のごとく、空中に指で書くことです（注3）。

これまでの行程で形や書き順を確認したり、体に染み込ませたりした漢字を空中に再現するのです。

これは「なぞり」という行為よりも、正確に記憶できているかが試されます。

ですから、指でなぞる行程よりも後に設定しています。

▼空書きは様々なことに応用可能

空書きは、他のことにも応用可能です。空書きは鉛筆で紙に書くのと比べて、準備物もいらず、サッとできるという特長があるからです。

例えば、後に述べますが、漢字ドリルを教師が点検する際、ランダムで一文字空書きで書かせることがあります。また、子どもが自分で行う「漢字チェック」でも空書きを活用します。

空書き

▶Point
「書き順指なぞり」で体に染み込ませた漢字を空中に書かせ、再現させる

6

漢字ドリルの進め方⑤ 鉛筆なぞり

「空書き」が済んだらいよいよ鉛筆を使って漢字を書きます。
まずは、「鉛筆なぞり」です。
空欄のマスではなく、なぞるための漢字が薄く印刷されているマスに書きます。

▼1ミリもはみ出さずに書かせる

2章でも述べましたが、私は、漢字学習を通して子ども達に「丁寧さ」も身につけさせていきたいと考えています。この「鉛筆なぞり」は、「丁寧さ」を見取る格好の場です。

空欄のマスに漢字を書く「鉛筆書き」と比べると、「鉛筆なぞり」の方が丁寧に、きれいに書くのが容易だからです。私は「1ミリもはみ出さずに書きましょう。」と子ども達に伝えています（もちろん個別の配慮はします）。

▼空欄のマスは空けておいて、なぞりのマスを先に埋める

採用している漢字ドリルによっては、なぞりのマスが続きにならず、「なぞり、なぞり、空欄、なぞり、

空欄」というように間に空欄のマスが入っているものもあります。
このような場合は、空欄のマスを飛ばして、先になぞりのマスを埋めさせます。

鉛筆なぞり

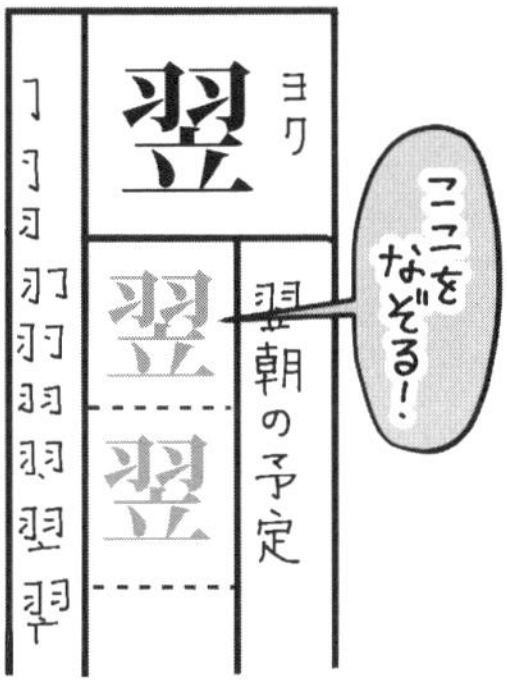

正しく書けていない場合はやり直しをさせる

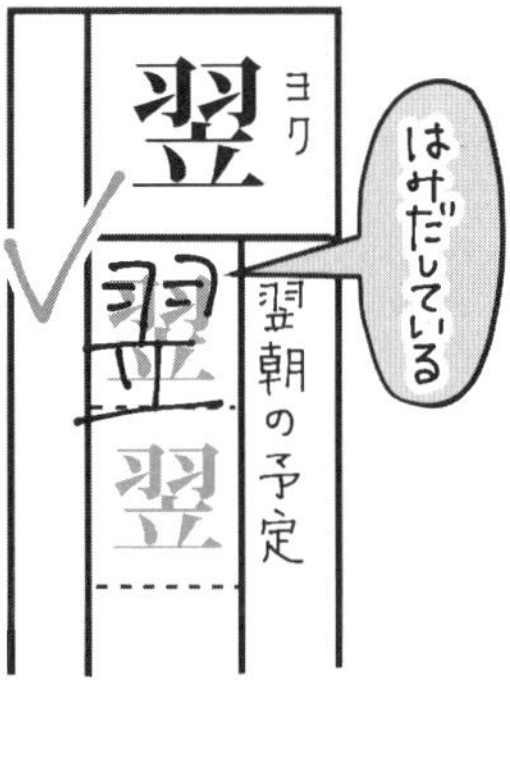

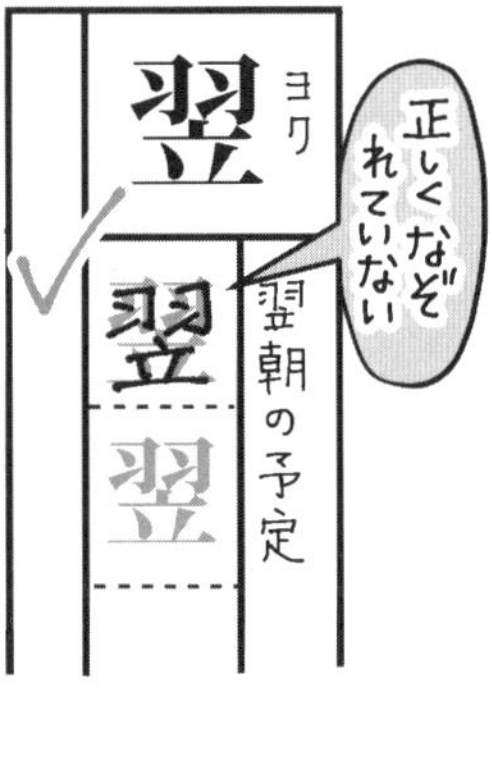

▶Point

１ミリもはみ出さずになぞらせることで「丁寧さ」も伸ばす（個別の配慮あり）

7

漢字ドリルの進め方⑥
鉛筆書き

「鉛筆なぞり」を終えたら、「鉛筆書き」です。空欄のマスを埋めていきます。ここでもなるべく丁寧に書かせるようにします。「鉛筆なぞり」の字ほどきれいに、とはいかなくとも、「自分の中で最高レベルに丁寧な字で書こう。」と声をかけます。

▼その漢字の学習の総仕上げのつもりで書く

「鉛筆書き」は、新出漢字の学習の最後の行程です。指なぞりをしたり、鉛筆なぞりをしたりしたことなどの総決算です。とにかく丁寧に、細部まで気をつけて書かせるようにします。

「なぞり書きの総まとめだよ。がんばって書こう！」「ゆっくり丁寧に書いた方が覚えやすいよ。」などと声をかけましょう。

▼少ない数だから丁寧に取り組める

本書の漢字指導法では、漢字ドリルを中心に「文字学習」を進めます。漢字ドリルに書く漢字の数は、なぞりのマスを除くとせいぜい３〜５個でしょう。これぐらいの数だから、どの子も集中して丁寧に取り組むことができるのです。

鉛筆書き

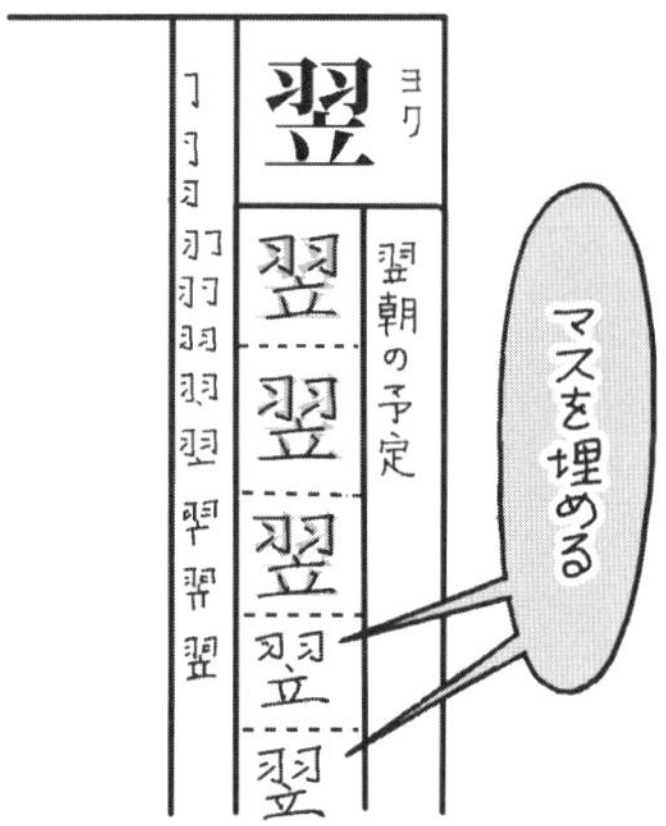

教師から声がけをする

▶Point
最高に集中して書かせる

8

教師による評価①
厳しく、即時評価

ここまでの指導を徹底するだけでも、かなり子どもは集中して漢字学習に取り組むようになります。しかし、「やらせっ放し」はいけません。意欲と精度が低下します。必ず教師が評価を入れます。

▼1ページずつ、厳しく評価する

評価のシステムとしては、「1ページ以上できたら教師に見せ、点検を受ける。合格したらサインをもらう」というシンプルなものです。

ここでの評価は厳しくします。字形が正しいかどうかはもちろんのこと、なぞりのずれの有無などから丁寧にやってあるかまでを厳しく点検します。事前に、「先生は厳しく評価します。」と宣言しておきます。厳しい評価がある方が子どもも意外と燃えます。

▼できる限り一対一で評価する

評価するタイミングに関しては、「先生が空いている時ならいつでも持ってきていい」と子どもに伝えておきます。提出させて後で評価するのもよいですが、できる限り、持って来た時にそのまま評価、つまり即時評価すべきでしょう。私は、点検したページが丁寧に正しくやってあれば、次はその中から一文字出題し、空書きさせ、それが書けたら合格としています。

合格したら
次のページへ

Point
１ページ１ページ、教師が厳しく、即時評価していく！

9

教師による評価②
間違いや雑な取り組みがあった場合

教師によって、厳しく評価をした際、合格ならそのページにサインをします。間違いや雑に書いている字があったら、チェックを入れて子どもに戻します。特に年度の初めは、厳しく評価すべきです。最初のうちは甘かったのに、途中で厳しくするというのはできないからです。

▼間違いがあった場合

漢字の書き間違いがあった場合は、横に三回正しく丁寧に練習させます。間違いは消させません。間違えた、という事実を残させることで、自分が練習すべき漢字として意識させるためです。

▼雑に書いてきた場合

雑に書いている場合は、雑な字にチェックを入れて戻します。必要な場合は「雑に書くと覚えにくいよ。」と伝えましょう。

その上で、その字は消させ、丁寧に書き直させます。雑な字は残しておく必要はありません。消させて丁寧に書き直させた方が、後から見ると丁寧な字だけが残るので、達成感につながります。

間違いがあった場合は正しく練習させる

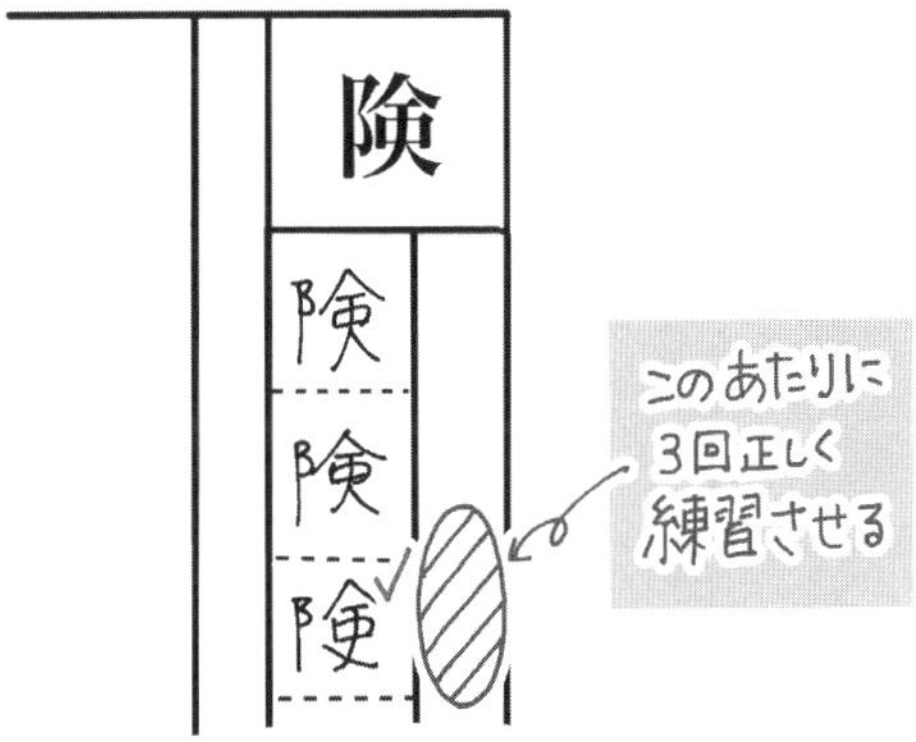

雑に書いてきた場合は書き直しさせる

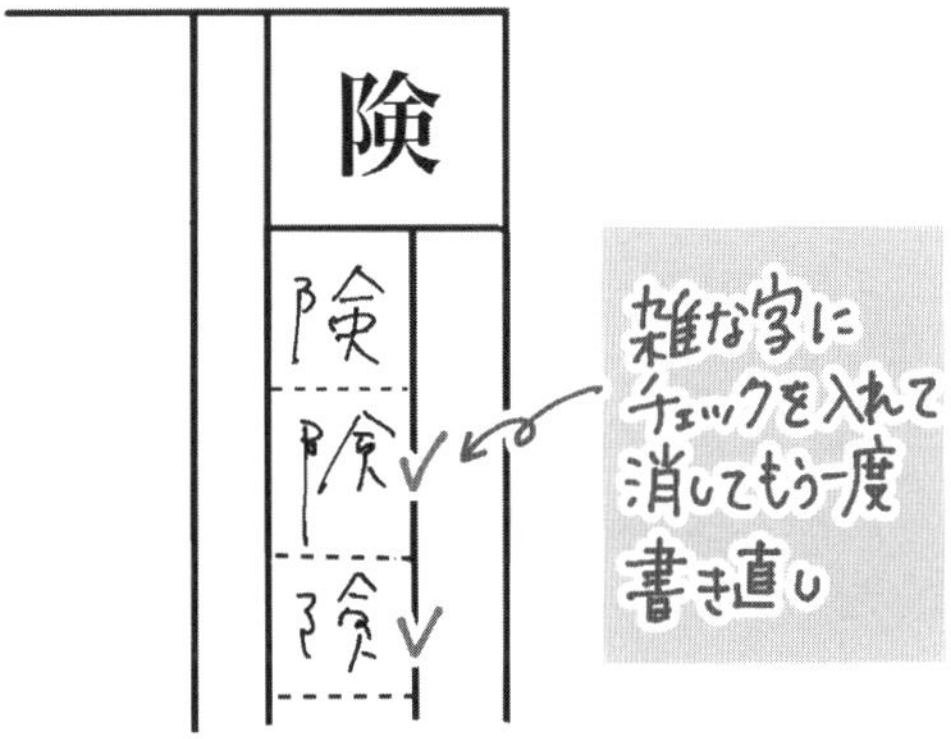

Point
間違いは消させず、雑な字は消させる

10 漢字ドリルは、自分のペースで進めさせる

新出漢字の進め方を丁寧に指導した後は、自分のペースで進めさせます。もちろん家でやってもOKです。このように子どもに伝えると、目を輝かせます。今までは、教師によってペースを全て決められてきていたのが、自分のペースで進められるようになるからです。休み時間にもドリルをやる子も少なくありません。ただし、自分のペースでやらせるには、注意点もあります。

▼期限を決め、ペースを考えさせる

「○月○日までに漢字ドリル（上）の全てのページを合格すること。」などという具合に、必ず期限を決めましょう。紙で貼らせたり、ドリルの裏表紙にペンで大きく書かせたりします。

私の学級では、漢字ドリル一冊丸ごとの期限を決めていましたが、差がつきすぎてしまう、という場合は単元ごとなどに区切ってもいいかもしれません。いずれにせよ、期限を決め、それに向けて自分でペースを考えて取り組ませることが「自立」につながります。

▼「進め方」を時折点検する

子ども達が「進め方」をきちんと理解して、行えているかどうか、時折確認しましょう。国語授業時間に、全員一斉に新出漢字を進めさせ、一人ひとりの様子を見て、必要なら助言しましょう。

進める時に「期限」を決める！

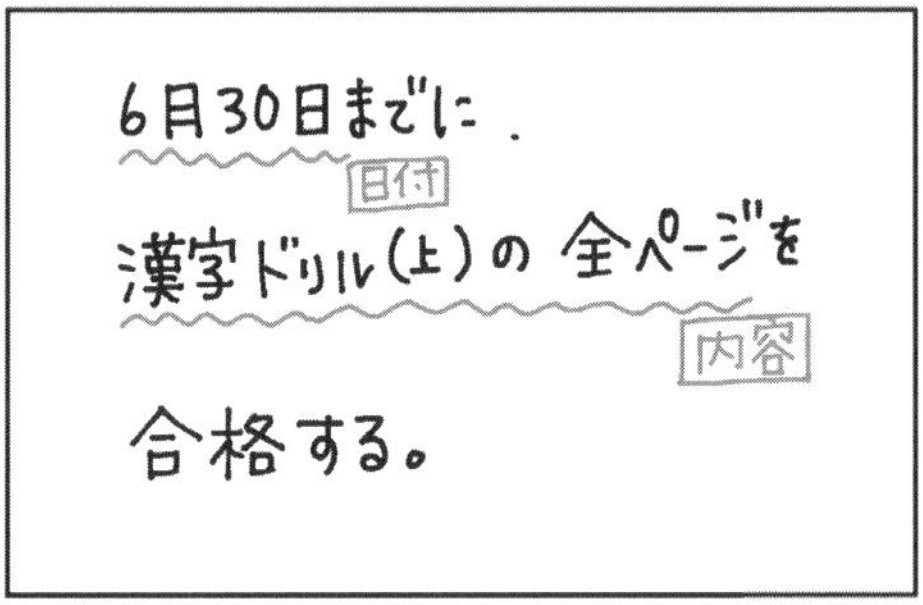

目標とペース配分は子どもに考えさせる

Point
期限を決めて、それに向けて取り組ませることで「自立」を促す

11 ドリルの進み具合を振り返らせる

「自分のペース」で進めさせるといっても、放っておいては意欲の高い子はどんどんやり、そうでない子はほとんどやらないという状況も生まれてしまいます。

期限を過ぎた場合は「休み時間やおかわりの時間など、自分の時間を使ってやってもらいます。」と伝えています。しかし、できる限り自主的に進めさせたいものです。そのための方法を紹介します。

▼進み具合を振り返る

漢字ドリルを配布してから一定期間（2週間、一か月など）を経過した後、自分の漢字ドリルの学習を振り返る時間をとります。自分のペースに自信を持たせたり、反省させたりするのです。それと同時に、今後どれくらいのペースで進めていけば終わるのかについても考えさせます。

▼振り返ることで「自立」につながる

1章で述べた通り、本書の漢字指導法では漢字力が上がるだけでなく、「自立した学習者」へと育てることをねらっています。

そのためには、自分の学習への取り組みを振り返る機会は不可欠です。自分の学習について振り返り、調整させていくのです。

振り返り用紙の例

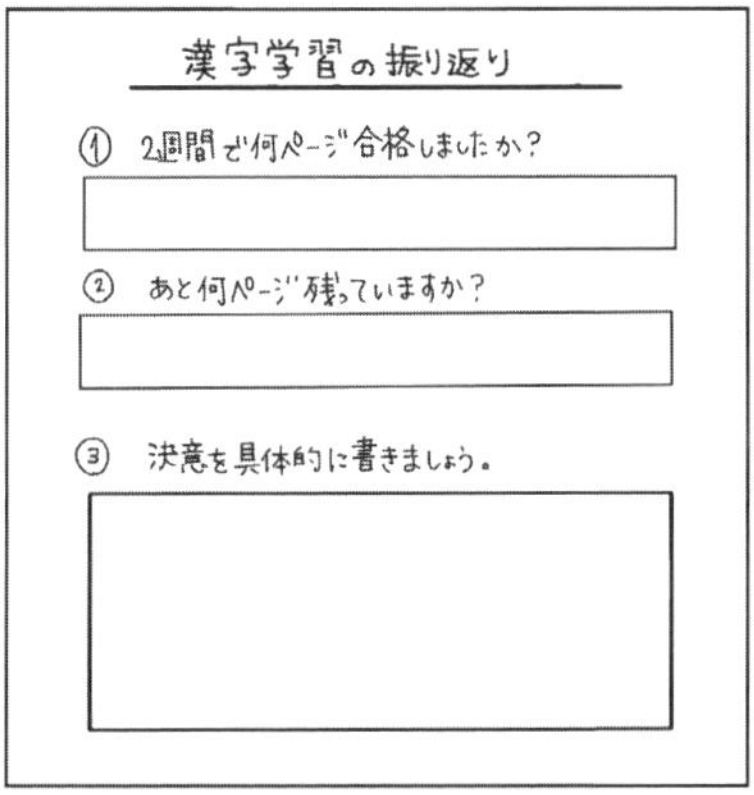

振り返り用紙で進み具合を確認する

Point
自分の学習を自分で振り返る！

12 漢字ドリルその他もろもろ

ここまでで、漢字ドリルの主な骨格となる部分に関してはご理解頂けたと思います。この項ではさらに細かい部分に関して説明します。

▼新出漢字ページ以外の進め方

新出漢字ページ以外のページ（小テストのページなど）の進め方は、全て「丁寧にマスを埋める」というだけです。わからない漢字があった場合は、答えを見て書いてよいですが、必ず印をつけておくことです。そうすることで、漢字ドリルに記録として残り、自分が書けない漢字が意識化されます。

▼子どもがたくさん進めてきた場合の、教師による点検

自分のペースで進めていいので、意欲的な子は一日でたくさん進めてきます。それ自体は全く構いません。しかし、教師の点検を工夫する必要があります。一人の漢字ドリルをずっと見ていては、他の子のものを見られないからです。

間違いや雑な字があったページの時点で点検をやめ、ドリルを返してしまいます。その子は、その

ページの直しから再スタートです。このように、たくさん進めてきた場合は、間違いや雑な字が見つかるところまで見てあげて、見つかったら返却してしまうと、行列ができずに済みます。

間違いや雑な字は返却してやり直しさせる

丁寧に書くことを徹底させる

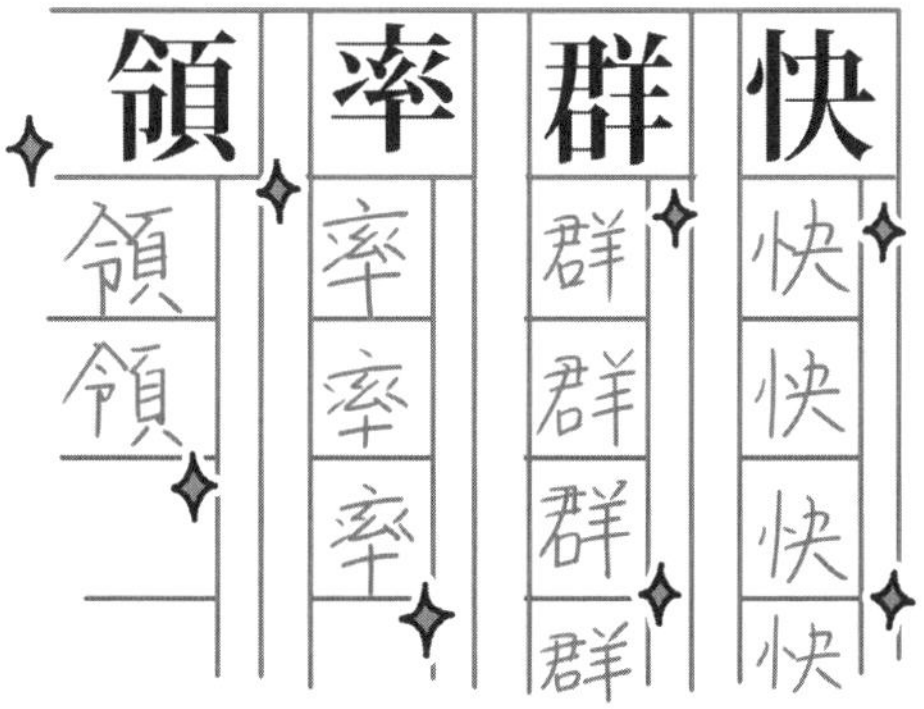

Point

細かい注意点に気をつけ、効率よく漢字指導を進めよう

注1．書き順は、漢字を目だけでなく体で覚える上で重要です。体の動きの記憶を脳科学では「運動記憶」や「手続き記憶」といい、言葉で覚える「陳述記憶」よりも長期的に保存されることがわかっています。例えば、テスト前に無理やり覚えた知識はすぐに忘れてしまいますが、自転車の乗り方などはずっと覚えています。これを漢字の学習にも応用するのです。そのために、「書き順」を常に意識させ、正しい書き順で繰り返し書かせます。

注2．繰り返し書くことに関して、棚橋（２０１５）では、「漢字習得に不可欠な行為であることは心理学の分野でも示唆されており、漢字習得において基本的な学習方略の一つであることは間違いなさそうである。」（25ページ）と述べられており、特に「文字学習」の上では、欠かすことはできないと言えるでしょう。しかし、だからと言って、むやみにやらせても効率が悪いので、本書では「書き順」を特に意識して繰り返し行わせることで、効率よく「運動記憶」（手続き記憶）を定着させることを推奨しています。

注3．漢字習得における空書きの有効性については、佐々木正人・渡辺章（１９８３）が詳しいです。また、漢字圏と非漢字圏とで、空書き行動の出現率を比較し、漢字圏の方が高かったことなどをまとめた佐々木正人・渡辺章（１９８４）も興味深く、漢字を覚える際には特に有効だということがわかります。

第5章

イラストでわかる！チェック・練習・テスト

1 イラストでわかる！ 漢字チェック&練習の全体像

漢字チェックと練習は相互関係があります。漢字チェックで、自分の書けない漢字を見つけたり、自分がどれくらい漢字を覚えているか確認したりします。それを踏まえて、後述の二つの練習方法を用いて、漢字を練習したり、自分の力をさらに高めたりしていきます。

▼「漢字チェック」で書けるかを確認する

「漢字チェック」は、自分が漢字ドリルで学習した漢字を書けるかどうかチェックすることです。一般的な指導法では、この方法が明示的に指導されず、子ども任せになっていたり、教師によってテストされたりするしかありませんでした。その状況を打破し、子どもが自分で自分をテストできるようにするのが、この「漢字チェック」なのです。

▼「漢字練習」と「漢字活用練習」のちがい

「漢字練習」は、「漢字チェック」によって見つかった、「書けない漢字」を書けるようにするための練習法です。文字を習得することが目的の、「文字学習」に特化した練習法です。

「漢字活用練習」は、語彙力を高め、漢字を使いこなせるようにするための練習法です。「漢字チェック」で「書けない漢字」がほとんどない場合に取り組みます。「語彙学習」に特化した練習法です。

漢字チェックを行う

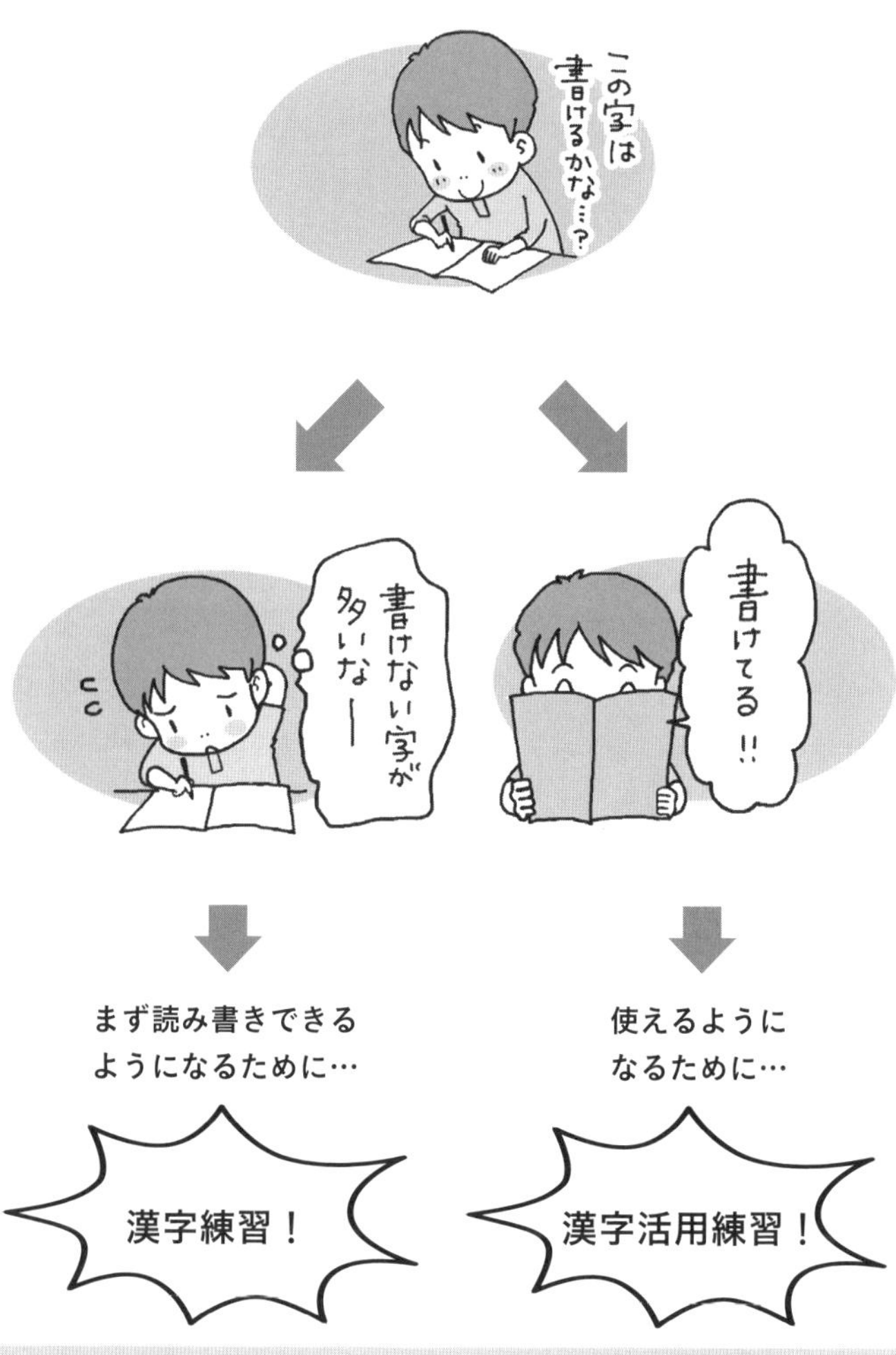
この字は書けるかな…？
書けない字が多いなー
書けてる!!
まず読み書きできるようになるために…
使えるようになるために…
漢字練習！
漢字活用練習！

Point
「漢字チェック」と「練習」を相互関連させよう！

2 「漢字チェック」の意義

具体的な方法を説明する前に、「漢字チェック」の意義についてまとめておきましょう。

それは、大きく分けて二つです。

一つは、子どもが自分で自分をテストし、練習すべき漢字を自分で見つけられるようになることです。もう一つは、「漢字チェック」に取り組むこと自体が、漢字の定着につながることです。

▼自分で自分をテストできる

一般的な指導法では、練習ノートに練習する漢字を教師が決めていました。一方、「漢字チェック」ができるようになれば、子どもは練習すべき漢字を自分で見つけられるようになります。

これから紹介する漢字チェックは、セルフチェック、ペアチェック、全員一斉チェックです。

▼何度も繰り返すことで漢字の定着につながる

一般的な指導法では、新出漢字は一度学習し小テストを終えたら、その後「書けるかどうか」を確認されることはほとんどありません。それでは「忘れるな」と言う方が、無理があります。

しかし、「漢字チェック」を繰り返しすることによって、「忘れ」かけていたことを「思い出す」という行為を繰り返すことになり、記憶が強化され漢字が定着するのです。

今までの指導

これからの指導

Point
「漢字チェック」で漢字指導に革命を起こせる

3 「漢字チェック」の基本形 セルフチェック

「漢字チェック」の基本形は、子どもが自分一人でチェックする「セルフチェック」です。この後、ペアでのやり方も紹介しますが、あくまでも基本形は「セルフチェック」です。全員がしっかり「セルフチェック」をできるように指導していきましょう。

▼ドリルを使って行う

「漢字チェック」は基本的には漢字ドリルを用いて行います。

漢字ドリルの、新出漢字ページの「読み」の部分以外をノートで隠します。そして、「読み」だけを見て、空書きしてみます。空書きを終えたら、ノートをずらして、正解を確認します。合っていれば、次の漢字へ。間違っていればその漢字にチェックをつけます。

▼「書けない漢字」は宝物

チェックがついた漢字が、自分の「書けない漢字」であり、練習すべき漢字ということになります。

私は「とめ・はね・はらいや、書き順まで、自分に厳しくチェックしよう。見つけた書けない漢字は宝物だよ。」と子ども達に伝えています。「書けない漢字」を自分で見つけられること自体を大いに価値づけるのです。こうして見つけた「書けない漢字」を「漢字練習」していくのです。

①読み以外を隠す

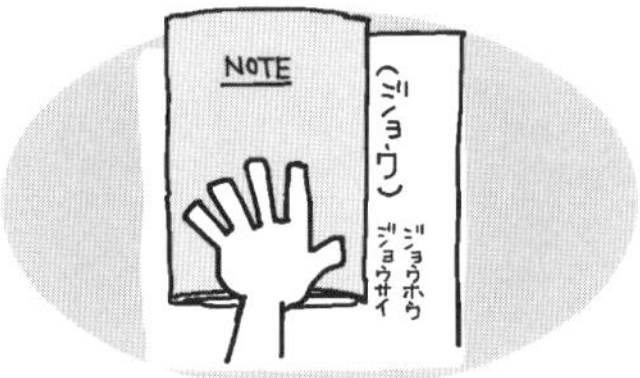

②空書き

③正解を確認する

④合っていたら次の漢字、間違っていたらチェックを入れる

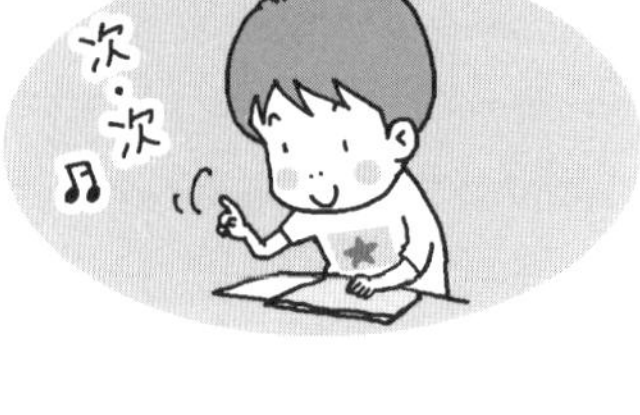

4 ペアチェック

「セルフチェック」を派生させ、二人組で「漢字チェック」を行う方法もあります。

それが「ペアチェック」です。

二人組のペアをつくり、片方が空書き役、片方が出題役になってチェックし合います。出題役の子が相手の漢字ドリルを持って漢字を出題し、書けなかった漢字にチェックをつけてあげます。

▼ペアチェックの長所

ペアチェックのよさは、様々な出題のされ方で漢字が書けるかどうかを確かめられることです。

セルフチェックでは、毎回同じように漢字の読み部分だけを見て空書きします。なので、順番で覚えてしまったり、様々な使い方まで目を向けられなかったりします。

ペアチェックでは、友達が問題を出してくれますから、順番はランダムで、出題のされ方も同じ漢字でも様々（例えば同じ「議」でも「議題のぎ」「会議のぎ」など様々な出題のされ方をする）です。

本当の実力を試せるということです。得意な子にとっては、これは非常に大きなことです。

また、苦手な子にとっても、出題する際に「議題のぎ」「会議のぎ」などと様々な使い方に触れられ、漢字や熟語を「見慣れる」ことにつながっていきます。

このように、ペアチェックにも、たくさんの長所があります。

片方が空書き役、もう片方が出題役で問題を出す

ペアで答えを確認する

▶Point
ペアチェックをする際は、この方法の長所を生かせるようにすること

5 なかなか全員が漢字チェックできない場合の全員一斉チェック

ここまで「漢字チェック」の方法を「セルフチェック」と「ペアチェック」の二つを紹介しました。ほとんどの子はこの二種類を指導すれば、自分達で自分をテストできるようになっていきます。しかし、どうしてもやらない、やれないという子がいる場合には、「全員一斉チェック」を行います。

▼「セルフチェック」を全員一斉に教師主導で行う

「全員一斉チェック」は、「セルフチェック」を全員一斉に、教師の指導のもと行うことです。本来、「セルフチェック」は子どもが自分でやるからこそ意味があるのですが、なかなかできない場合もあります。指導した直後はできても、すぐにやらなくなることもあります。

このような状況を放っておいては、「漢字チェック」は全く根付きません。そこで、イラストのように教師が細かく指示を出しつつ「セルフチェック」を一斉に行い、よさを実感させるのです。

▼「セルフチェック」導入時に行うのもおすすめ

この「全員一斉チェック」は、「セルフチェック」を全員に指導して、導入する際に行うのもおすすめです。やり方を説明した後、「まずは、全員でやってみよう！」と投げかけるのです。
いずれにせよ、ゆくゆくは「セルフチェック」に持っていけるように指導しましょう。

**セルフチェックやペアチェックを
やらない子が出てきた場合**

全員一斉チェックへ

▶Point
ゆくゆくは「セルフチェック」ができるように指導していく

6 「セルフチェック」と「ペアチェック」の使い分け

二種類の「漢字チェック」の方法を指導した後は、「セルフチェック」を基本としつつも、自分の今の状況やレベルに合わせて、「使い分け」を意識させましょう。

この「使い分け」が適切にできるようになると、「自立」へ大きく前進します。

▼それぞれの方法の長所と短所を考えさせる

「使い分け」をさせるには、子ども達に、それぞれの方法の長所と短所を考えさせ、つかませなくてはいけません。そのためには、まず二つの「漢字チェック」に十分慣れさせる必要があります。十分に慣れてきた後、「今みんなはセルフチェックとペアチェックをやっているけれど、それぞれどんな長所があるかな。反対に短所もあるかな。」と投げかけ、考えさせます。

「セルフチェック」の長所はすぐに何度もできることです。反対に短所は同じ順番で、同じ出題しかされないことです。

「ペアチェック」の長所は、様々な出題のされ方でテストできることです。また、問題を出す際も様々な熟語などに触れられます。反対に短所は、とにかく時間がかかることです。

子ども達がそれぞれのチェック方法に慣れていれば、これらはすぐに子ども達から出されます。あとはそれを整理し、「どんな時にどちらが有効か」をあわせて考えさせ、まとめるとよいでしょう。

チェック方法について子どもに考えさせる

それぞれの長所や短所を踏まえ使い分ける

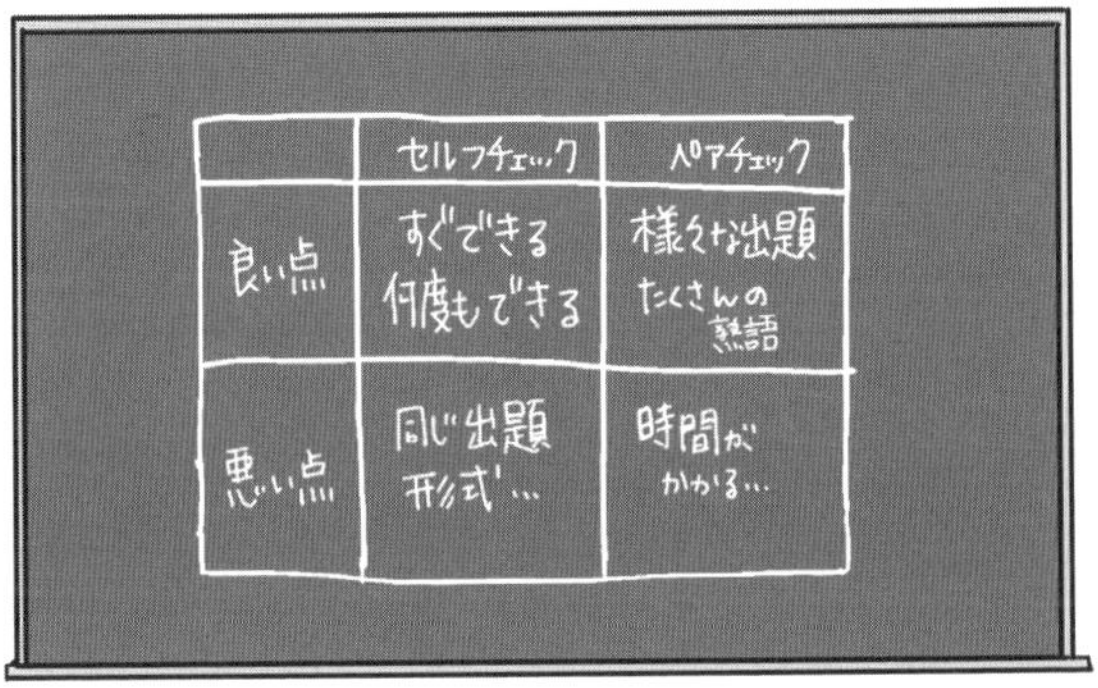

Point
二つの「漢字チェック」を使い分けさせるために、分析させる

7 「漢字チェック」でチェックがついた漢字を「漢字練習」する

「漢字チェック」と「漢字練習」は密接に関連しています。

一般的な指導法では、子どもが漢字練習する漢字は、教師が決めていました。一方、本書の漢字指導法では、「漢字チェック」でチェックがついた漢字を「漢字練習」することを推奨します。

つまり、子どもが漢字練習する漢字を決めるのです。

▼「漢字チェック」でチェックがついた漢字をノートに書き出す

「漢字チェック」は、自分が漢字を書けるかどうかテストし、「書けない漢字」を見つけるのが目的です。チェックがついた「書けない漢字」は、必ず漢字練習ノートに書き出させます。

イラストのように、下に練習スペースを空けて、書けない漢字を横並びに書き出していくのです。

▼練習の見通しを立てる

一冊の漢字ドリルを一通り「漢字チェック」をして、チェックがついた漢字を漢字練習ノートに書き出せば、それだけで「見通し」を持つことができます。自分が「書けない漢字」はこれだけある、ということが視覚化されるからです。
その後、目安程度でよいので、どういうペースで練習していくかという計画を立てさせましょう。

書けない漢字をノートに書き出す

計画を考える

▶Point
自分の漢字練習をデザインさせよう！

8 「漢字練習」の手順

「漢字チェック」で見つかった「書けない漢字」を練習するのが「漢字練習」です。まずは、この「漢字練習」をなぜするのかという意義を子どもにしっかり伝えましょう。「漢字練習」は文字を書けるようになる「文字学習」に重きを置いています。効率よく漢字を覚えられる方法を指導しましょう。

▼「漢字練習」の手順

①漢字練習ノートの四マスを使って、「書けない漢字」を書き出しておき、隣に読み方を書く。
②一文字めを書き順を声に出して、一回**ゆっくり丁寧に**右下に書く。
③その左に漢字ドリルに載っている熟語を一つ、書く。
④隣の漢字に移り、書き順を声に出して一回**ゆっくり丁寧に**書く。
⑤その左に熟語を書く。以下その繰り返し。5回ずつ練習したら、日付を書いて終了。
⑥後日（必ず何日か空ける）、同じ手順で練習を繰り返す。
⑦5回ずつ練習したら日付を書いて終了。

漢字練習の方法

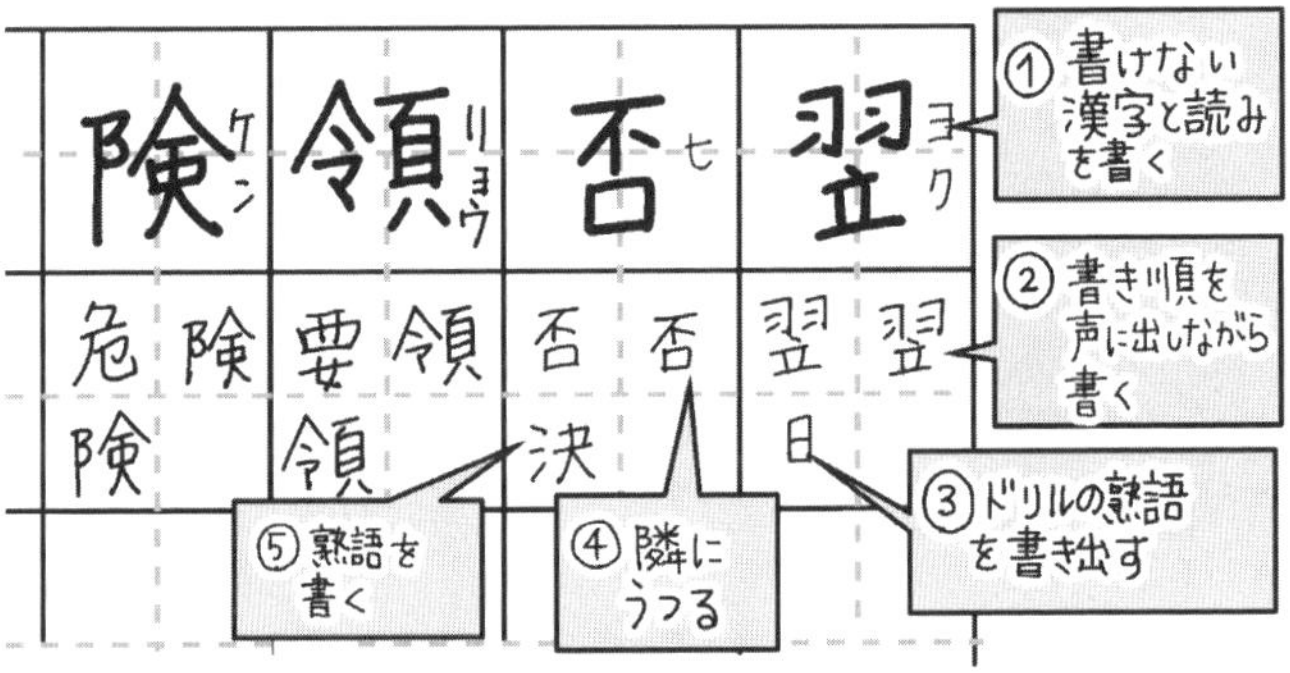

５回ずつ練習したら日付を書く

Point
余計な作業を増やさないために「漢字練習」では辞書は使わせない

9

チェックがなくなったら、「漢字活用練習」をする

「漢字チェック」をしても、最初からほとんどチェックがつかない子がいます。

この子達は、元々漢字が得意な子達です。得意な上に、漢字ドリルにしっかり取り組めば、まずそれで覚えられてしまいます。また、「漢字チェック」でチェックがついたとしても、「漢字練習」にしっかり取り組めば、その後の「漢字チェック」では、だんだんチェックは減っていきます。

このような場合、「漢字活用練習」に取り組むようにします。「漢字を大体書けるようになったから、それで満足せず、使いこなせるようにするために取り組みます。」などと意義をしっかり伝えましょう。

▼「漢字活用練習」の手順

①活用練習する漢字を決める。
②その漢字が入った熟語や使い方を調べ、ノートにたくさん書き出す。
③その熟語の意味がわからない場合、熟語の意味を調べ、その熟語の下に括弧書きで意味を書く。
④調べた熟語を使って、例文を書く。

漢字活用練習の方法

ノートに書き出す

▶Point
熟語を書き出させるだけでなく、必ず意味も調べさせ、例文も書かせる

10 漢字テスト（10問・50問テスト）をレベルアップ！

「漢字チェック」をきちんと身につけられれば、自分で自分をテストできるようになります。

そうなってくると、今まで教師主導のもと行ってきていた予告ありでの「漢字テスト（10問テスト・50問テスト）」は、漢字が書けるかどうかを確かめるという点においては、あまり大きな意味を持たなくなります。普段から自分で「漢字チェック」で確かめられるからです。

そこで、漢字テストをさらにレベルアップし、子どもの力をより伸ばしていきましょう。

▼抜き打ちテスト（初見問題・予告なし）も行うことで本当の実力を試す機会にする

一般的な指導法では、問題予告ありの漢字小テストを定期的に行っていくはずです。もちろん、これはこのまま続けても結構なのですが、「漢字チェック」が子ども達に根付き、自分で自分の「書けない漢字」を見つけられ、それを「漢字練習」していけるようになっていれば、ぜひ「抜き打ち」テストも並行して実施してみてください。子どもには「みんなの本当の実力を試すよ！」と投げかけます。

▼漢字テストを熟語だらけにしていく

抜き打ちにすることに加え、出題されている使い方以外の熟語なども書き込ませることで、「語彙力」も試す場にしていくのがおすすめです。「上限」が取っ払われた学習になっていきます。

漢字テスト

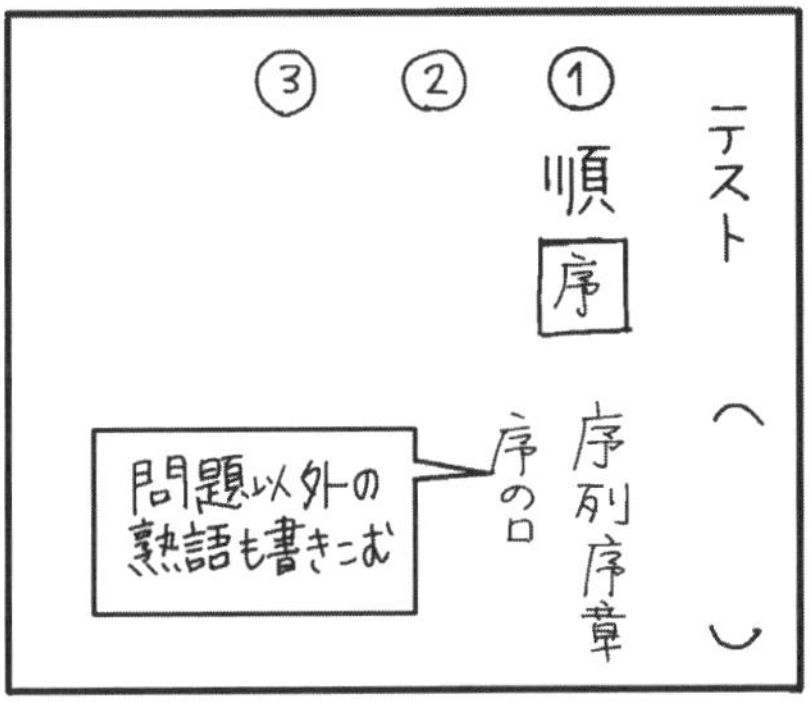

Point
「抜き打ち」と「熟語書き込み」で漢字テスト（10問・50問テスト）をレベルアップ

11 漢字テストで、自分の学習を振り返らせる

一般的な指導法では、基本的に漢字テストは予告ありで行いますから、漢字テストでは、「きちんと先生に言われたページを言われたように、まじめに練習してきたか」が試されていました。

一方、本書の漢字指導法では、抜き打ちテストを積極的に採用しますから、漢字テストでは、「自ら「漢字チェック」にしっかり取り組み、「書けない漢字」を見つけ、漢字練習していたか」や「漢字を既に書ける場合は「漢字活用練習」に取り組み、語彙量を伸ばし、漢字テストでたくさん書き込めるか」などが試されることになります。

つまり、前者では「課された課題をしっかりこなしたか」が試され、後者では「課題を自分で見つけ、それに向けて取り組めていたか」が試されているという、違いがあるのです。

この違いは微妙なようで大きいものなのです。

▼抜き打ちテストを行った後、「自分の学習」を振り返らせる

抜き打ちテストを行った後、「自分の学習」を振り返らせる機会を積極的に設けましょう。

振り返るのは次の観点です。①「漢字チェック」で「書けない漢字」を見つけたり、記憶を強化し

たりしていたか。②「書けない漢字」を「漢字練習」に取り組んでいたか。③「書けない漢字」をなくし、「漢字活用練習」をしていたか。これらを振り返らせ、自分の学習を自分で調整させていくのです。

振り返りの様子

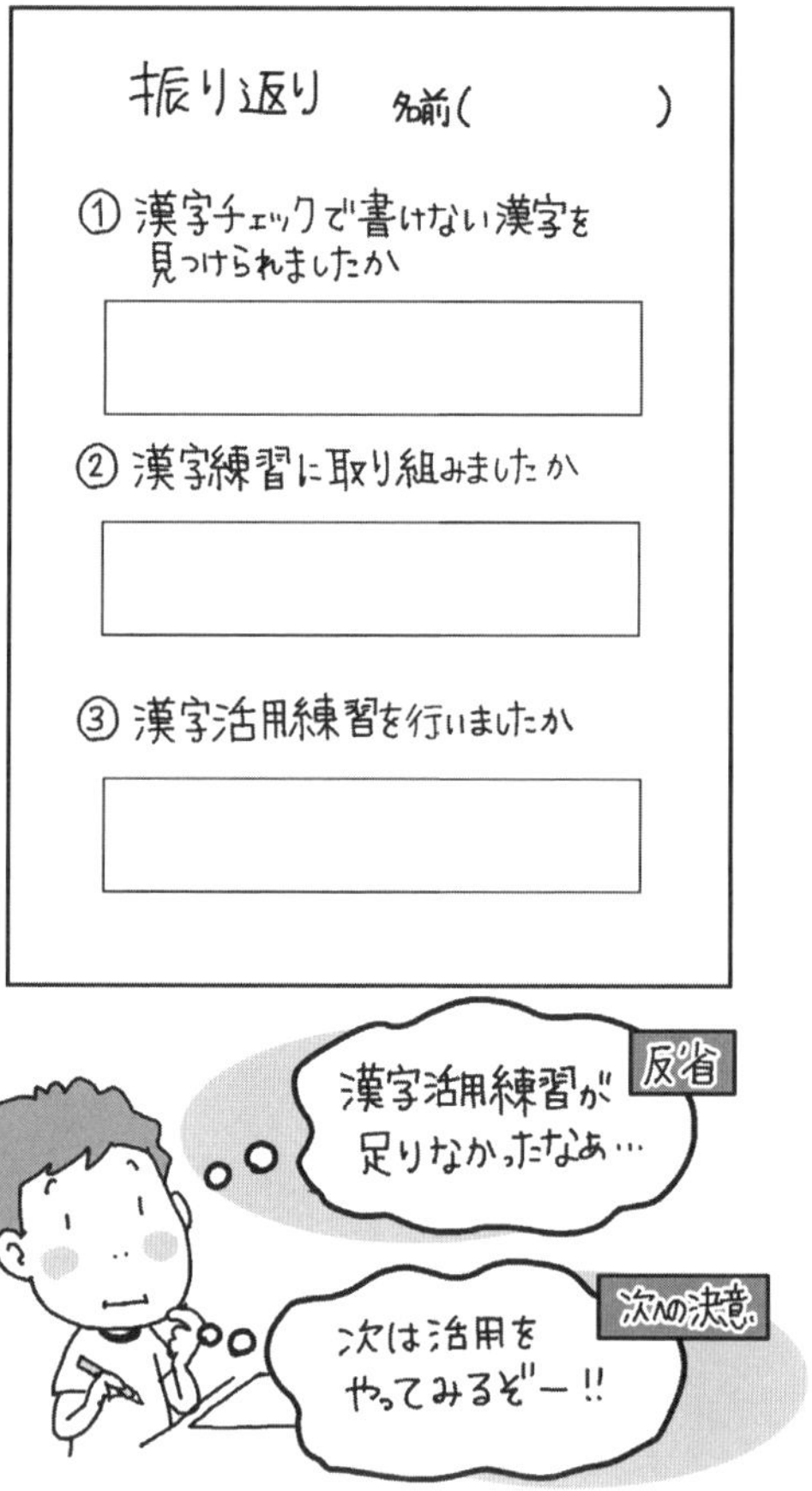
振り返り
名前（　　　）
① 漢字チェックで書けない漢字を見つけられましたか
② 漢字練習に取り組みましたか
③ 漢字活用練習を行いましたか
反省
漢字活用練習が足りなかったなあ…
次への決意
次は活用をやってみるぞー!!

▶Point
漢字テストを「自分の学習」を自分で調整する機会にする

Q&Aコーナー

ここでは、よく講座などで寄せられる漢字指導に関するご質問にお答えします。

〈漢字ドリル音読に関して〉

Q1．漢字ドリル音読はどのようにレベルアップできますか。

A1．漢字ドリル音読で「基準タイム」をクリアした子には、読み仮名を塗りつぶした上で読ませたり、熟語欄を読ませたりするとよいでしょう。これに対しても「基準タイム」を設け、それをクリアした子は例文…などとどんどん先の課題を用意してあげることです。大切なのは、漢字が得意な子も夢中で取り組めるようなシステムにする、ということです。

Q2．音読で読み仮名を塗りつぶして音読を行うと、「漢字チェック」ができなくなってしまうのですが…

A2. 確かに読み仮名を塗りつぶすと漢字チェックの時見えにくくなります。私はネームペンで塗りつぶさせていたのですが、ネームペンなら薄く見えます。しかし、見えにくいことに変わりはありません。気になるようでしたら塗りつぶし音読は飛ばして熟語欄や例文を読ませたりすることに進めてしまって構いません。繰り返しになりますが、大切なことは、漢字が得意な子も夢中で取り組めるにはどう負荷を上げればいいかな…?と考えることです。塗りつぶすかどうかは大きな問題ではありません。

Q3. 漢字ドリル音読は、全員が基準タイムをクリアしなくてはいけないのでしょうか。

A3. 漢字ドリル音読の目的は読みの定着です。ですから、全員が基準タイムをクリアする必要はありません。全員が漢字を読めるようになることを目指してください。

Q4. 漢字ドリル音読は、学習していないページも読むのですか。

A4. 漢字ドリル音読では、まだ学習していない（書いていない）ページも読みます。導入した最初の日から全ページを読みます。ただし、「新出漢字」のページのみです。小テストのページなども読んでいると時間がかかってしまいます。新出漢字の読みを定着させるために、新出漢字のページを読ませるようにしてください。

〈漢字ドリルに関して〉

Q5．漢字ドリルの期限は、どのような単位で決めればよいですか。

A5．私のクラスでは漢字ドリルの期限は一冊丸ごとで決めています。子ども達の様子によって微妙に変化させていますが、参考までに昨年度は前期後期の二期制で、前期の締め切りを6月30日、後期を12月の最後の登校日までとしました。かなり早めの設定ですが、漢字ドリルだけですから実現可能です。初めから一冊丸ごとで決めるのは、差がつきすぎて困るという方は、単元ごとに設定するのもよいでしょう。そうすると、後述するような単元テスト実施時に漢字ドリルが終わっていない、という問題も解決できます。子ども達の様子を見つつ、柔軟に決めてよいと思います。

Q6．漢字ドリルの期限を守らない子にはどうすればいいですか。

A6．あらかじめ、「漢字ドリルは、期限が長いとはいえ宿題ですから、終わらなければ自分の時間（休み時間やおかわりの時間）を使ってやってもらうことになります。」と宣言しておきます。しかし、基本的には、教師が工夫を凝らして、全員が意欲的に取り組んで期限を守れる状態を目指すべきです。終えられなさそう子には教師が早めに個別の手を打っていきましょう。一緒にペースを考えて取り組む、細かく声をかける、やり方を再度確認する、様々な手を打つべきです。この過程で教師の力量が上がると思います。

Q７．漢字の宿題は、漢字練習に入るまで漢字ドリルだけですか。

A７．その通りです。まずは漢字ドリルに集中的に取り組ませます。すぐに終わってしまった子には追加の課題を考えるようにしましょう。私はそのような子達には漢字小テストを作成させて解き合わせるなどしていました。

Q８．授業で漢字は教えますか。

A８．漢字ドリルの進め方を徹底的に指導すれば、一文字一文字を逐一指導する必要はないと考えています。もちろん発達段階に合わせて指導が必要な場合があるでしょうから、この限りではありません。

Q9. 授業中に漢字ドリルを進める時間はとりますか。

A9. ドリルの進め方に関しては年度の初めに授業の時間を使ってきちっと指導します。一度指導しただけで満足せず、4月中は授業中に何度も確認していきます。その時間を段々減らしていき、子どもが一人で進められるようにしていきます。子ども達は家ではもちろん、学校での空き時間もやりたい子はどんどん進めます。私は、授業中に漢字ドリルを進める時間は、進め方の確認以外はあまりとりませんが、子ども達の取り組み具合や他の単元の進み具合を踏まえて、必要であればとっても問題ありません。ですが、授業中に時間をとりすぎるのは、「また授業中に時間をとってくれるだろう。その時やればいいや。」と思って自主的に進めない子が出てくるので逆効果になると思います。

Q10. 漢字ドリルの新出漢字ページ以外のページはどのように進めますか。

A10. 漢字ドリルには新出漢字ページ以外に漢字小テストのようなページや間違えやすい漢字を集め

たページなどがあります。基本的にはこれらのページは丁寧に書いて進めればよいです。ただし、書けなかった漢字は印をつけておくこと、と伝えておきます。印をつけた上で答えを見て書けばよいです。印をつけさせるのは「書けない漢字」を把握させるためです。漢字練習の際に役立ちます。

Q11. ドリルの評価はいつどのようにしていますか。どうしても行列ができてしまうのですが。

A11. 私は漢字ドリルの評価は休み時間や給食の準備時間など空き時間に行っています。子ども達には「先生の手が空いていそうな時であればいつでも見せに来ていいよ。」と伝えてあります。そのため、少し手が空くと「先生、漢字見せていいですか⁉」と子どもが来るようになっています。忙しくなりますが、一人ひとりと関わる時間にもなるので私はこれを気に入っています。また、評価の仕方ですが、本書では「丁寧に正しく書かれているかを厳しく点検した後、一文字出題して空書きさせる」という方法を推奨しています。まず大切なのは一文字でいいということです。そのページに載っている新出漢字を全て出題していると必ず行列になります。時間がかかりすぎます。一文字空書きでも行列ができる場合は、「丁寧に正しく書かれているか厳しく点検する」だけでも構いません。これだけでも十分教師による評価の機能は果たせるでしょう。それでも厳しければ、提出場所を設け、そこに出させていくようにします。つまり一対一の対面式の評価は一旦諦めるということです。それから、一人が何ページも進めてきていることへの対策は、やり直しが入ったページがあればそこで点検をやめて返してしまうことです。あくまでも、合格したら次のページを点検、というシステムにすれば、一人への評価に多くの時間を割くことはなくなります。

〈漢字練習に関して〉

Q12．漢字練習に入るタイミングはドリルが終わってからですか。

A12．私はそれでいいと思っています。まずはドリルで多くの新出漢字を書けるようにして、それでもこぼれてしまったものを「漢字チェック」で見つけ、「漢字練習」するのが最も効率がよいと思います。とは言え、学校事情でその通りにできない場合もあると思います。学年で漢字練習ノートを宿題として出すことを揃えるような時です。その場合でしたら、漢字練習ノートに書かせる回数などは少なめにして、まずはあくまでもドリルを主体とするのがよいと思います。

Q13．漢字練習や漢字活用練習のノートはどのようにチェックしていますか。

A13．どちらも、書いている内容も重要ですが「学習の仕方」を確認することを最も重要視しています。漢字練習でしたら、横に書いていっているか、丁寧に書き順通り書いているかなどを、漢字活用練習でしたら、熟語を書き出すだけでなく意味も調べているか、例文もつくっているかなどを確認します。書かれている内容よりも過程を重要視するということです。そこで私は、漢字練習や漢字活用練習のやり方を指導したばかりの時期には、子ども達が宿題でやってきたものを直接私のところに持ってこさせ、一対一の対面式で宿題の取り組みをチェックします。その際、「まずどこからやったの？次に何をしたの？それは何のためだっけ？」などと質問して、手順や意義を確認していきます。これには少し時間がかかるので、朝登校してきた子から私のところに持ってこさせるようにしています。そうすると登校時間は一人ひとりずれているので、そのずれをうまく活用して、行列をつくらずに済みます。もちろん、過程を重視するとはいえ、書いている内容に誤りがあれば指摘して直させることは必要です。しかし、それを見つけることに躍起になるよりも、学習の仕方がしっかり身につくように、ということを重視してチェックするということです。

〈テストに関して〉

Q14．単元テストまでに新出漢字の学習が進められない子がいるのですが、どうしたらよいですか。

A14．私のクラスではそのような状況になったことがないのですが、もしそういう子が多いのであれば、先述したように単元ごとに漢字ドリルの期限を細かく設定し、全員が終えたのを確認してテストを行うしかないと思います。

Q15. 小テストはどのようにしていますか。

A15. 私のクラスでは、漢字ドリルに付属する小テストは「個別進度制」にしています。ドリルが全て終わった子から随時取り組むようにし、一周目を終えたら二周目、三周目…と先に進めるようにしています。二周目からは出題されている熟語以外の熟語も書かせたり、それを使って文も書かせたりしています。進度に差ができてしまうのが嫌な場合や学年で週に一回小テストをすることを揃えている場合は、全員一斉で小テストを定期的に行ったり抜き打ちで行ったりするのは全く問題ありません。

〈漢字指導全般に関して〉

Q16. 学期の途中からでも導入できますか。

A16. もちろんできます。むしろ明日からでも行えます。本書の指導法は特別な教材などを必要とせず、一般的な指導法と全く同じ教材を用いるからです。前学期との比較で子ども達の意欲の高まりがよくわかることでしょう。ただし、年間通して、または持ち上がりで二年間通して本書の指導法を一貫して行った場合に比べてどうしても習熟度は落ちるのは避けられませんが。

Q17. ドリルとノートを使うとはいえ、他のクラスと指導法がかなり違うと思います。保護者にはどのように説明していますか。

A17. 私は学級通信を活用しています。学級通信に、漢字ドリルの進め方や漢字チェックのやり方、漢字練習や漢字活用練習のやり方などをそれらの意義と共に載せて各家庭にお知らせしています。概ね好意的にご理解頂いています。

Q18. どうしても、本に書いてある通りにいかない実践があります。少し変えてもよいのでしょうか。

A18. 私が講座や本を通してお伝えしている指導法は、ある程度の自信とそれを裏付ける結果を基にお伝えしていますが、まだまだベストではないかもしれません。むしろ、目の前の子ども達にとってベストな指導法は、その子ども達と毎日接している先生方が創っていくべきだと思っています。ですので、本書の指導法も、子ども達の実態に合わせてどんどんアレンジして頂いて構いません。本書の指導法では、子どものやる気を引き出し、効率的な漢字学習の仕方を指導し、自立した学習者へと育てていくことを根幹に据えています。その根幹を外さずに、アレンジしていってください。

おわりに

実は漢字指導に関しては、前著で書ききった気でいました。

しかし、書いていくうちに、新たな発見をたくさん得ることができました。「自立した学習者に育てる！」という視点がそのうちの一つです。

私は、子ども達の姿を見ながら、試行錯誤を重ね夢中で実践していましたが、このように自分の実践をまとめる機会を頂けたことによって、「あぁ、自分は漢字指導を通して子ども達を自立した学習者に育てたかったのだ」と気づかされたのです。

それは、教室で子どもの姿として、また私の指導の仕方や声がけの仕方などの形として具現化されていてはいるものの、明確な文や言葉としては形になっていなかった、ということだと思います。

しかし、本書をまとめることで自分の実践を振り返り、漢字学習を通して自立した学習者を育てる指導法について、整理し体系化することができました。このことは、私にとっても非常に大きなことで、このような機会を頂けたことに心から感謝しています。

とはいえ、本書のような教育書を読んだり、実践をまとめて執筆したりするのが、目の前の子ども達の成長に即つながるとは限りません。

私自身、本書の執筆を通してさらに漢字指導への考えや思いを深め言語化することができましたが、このことがそのまま子ども達の成長につながるかは正直わかりません。

これらは、子どもを伸ばすためや教師自身が成長するための「きっかけ」に過ぎないのです。我々実践者にとって本当の「学び」は本や講座で得られるのではなく、それらを新たな実践構築の「きっかけ」としながら、自分の教室で目の前の子ども達と全力でぶつかってこそ得られるものだと思っています。

ですから、本書をお読みになった先生方には、読んで終わりではなくぜひ実践して頂き、子ども達の姿から本当の「学び」を得て頂きたい、と切に願っております。私も、本書執筆に満足することなく一生懸命実践に取り組み、子ども達の姿から学んでいきたいと思っています。

最後に、わざわざ講座にも足を運んでくださり、執筆の機会を与えてくださった学陽書房の河野様にこの場を借りて感謝申し上げます。私の実践を「もっとわかりやすく、若い先生方にお伝えしたい！」と熱望してくださったこと。そして執筆に関する私のわがままにもたくさん付き合ってくださったこと。本当に感謝しております。ありがとうございました。

土居　正博

参考文献

- 大村はま（１９９４）『教室をいきいきと　1・2』　ちくま学芸文庫
- 岡篤（２００２）『これならできる！漢字指導法』　高文研
- 岡篤・神戸落ち研（２００２）『書きの力を確実につける』　明治図書
- 石田佐久馬ほか（１９６９）『効率を高める漢字指導の方法』　東洋館出版社
- 江守賢治（１９６５）『筆順のすべて』　日本習字普及協会
- 小林一仁（１９８１）『漢字教育の基礎研究』　明治図書
- 小林一仁（２００２）「漢字の学習指導」全国大学国語教育学会編『国語科教育学研究の成果と展望』　明治図書、334～339ページ
- 国立教育政策研究所（２０１９）「学習評価の在り方ハンドブック　小・中学校編」
- 国立教育政策研究所（２０２０）「『指導と評価の一体化』のための学習評価に関する参考資料」
- 国語教育研究所（所長輿水実）編（１９７１）『漢字の読み書き分離学習』　明治図書
- 後藤朝太郎（１９１２）『教育上より見たる明治の漢字』　宝文館
- 齋藤孝（２００２）『理想の国語教科書』　文藝春秋社
- 斉藤信浩・大神智春・大和祐子（２０１９）「語彙能力と漢字読み能力の漢字筆記能力への影響について」『基幹教育紀要』　5巻　九州大学基幹教育院、15～27ページ

●齋藤玲・邑本俊亮（２０１８）「学習リテラシー：学習方法としての想起練習に着目して」『読書科学』60巻4号　日本読書学会、199〜214ページ
●坂口京子（２００９）「漢字」田近洵一・井上尚美編『国語教育指導用語辞典　第四版』教育出版、18〜19ページ
●佐々木正人・渡辺章（１９８３）「『空書』行動の出現と機能─表象の運動感覚的な成分について─」『教育心理学研究』31巻4号　日本教育心理学会、273〜282ページ
●佐々木正人・渡辺章（１９８４）「『空書』行動の文化的起源─漢字圏・非漢字圏との比較─」『教育心理学研究』32巻3号　日本教育心理学会、182〜190ページ
●笹原宏之（２００６）『日本の漢字』岩波書店
●三宮真智子編著（２００８）『メタ認知』北大路書房
●自己調整学習研究会編（２０１２）『自己調整学習』北大路書房
●白石範孝（２０１４）『国語授業を変える漢字指導』文溪堂
●高橋純・長勢美里・中沢美仁・山口直人・堀田龍也（２０１５ａ）「教員の経験年数や漢字指導法が児童の漢字読み書きの正答率に及ぼす影響」『富山大学人間発達科学研究実践総合センター紀要』10号　富山大学人間発達科学部附属人間発達科学研究実践総合センター、53〜60ページ
●高橋純・長勢美里・中沢美仁・山口直人・堀田龍也（２０１５ｂ）「小学校教員の各漢字指導法の指導頻度と児童の漢字読み書きの正答率の関係」『日本教育工学会研究報告集』15巻3号　日本教育工学会、167〜174ページ

●棚橋尚子（2013）「漢字の学習指導に関する研究の成果と展望」全国大学国語教育学会編『国語科教育学研究の成果と展望Ⅱ』学芸図書、293～300ページ
●棚橋尚子（2015）「学習方略を身につけさせることのできる漢字指導を目指して」『日本語学』34巻5号　明治書院、22～32ページ
●千々岩弘一（2015）「国語科教育における漢字指導の共有点とその源流」『日本語学』34巻5号　明治書院、10～20ページ
●土居正博（2019a）「漢字指導法に関する基礎的研究―現在の漢字指導に関する問題点の整理を中心に―」『国語教育探究』32巻　国語教育探求の会、34～41ページ
●土居正博（2019b）『クラス全員が熱心に取り組む！漢字指導法』明治図書
●野口芳宏（1998）『野口流・国語学力形成法』明治図書
●深澤久（2009）『鍛え・育てる　教師よ！「哲学」を持て』日本標準
●深澤久（2016）「〝学び方〟を教え、『やる気』を引き出す」『教師のチカラ』25号　日本標準
●福沢周亮（1976）『漢字の読字学習―その教育心理学的研究』学燈社
●福嶋隆史（2017）『国語って、子どもにどう教えたらいいの？』大和出版
●文化庁（2016）「常用漢字表の字体・字形に関する指針報告」
●ピーター・ブラウン、ヘンリー・ローディガー、マーク・マクダニエル／依田卓巳訳（2016）『使える脳の鍛え方』NTT出版
●ベネディクト・キャリー／花塚恵訳（2015）『脳が認める勉強法』ダイヤモンド社

●ベネッセ教育総合研究所（２０１３）「小学生の漢字力に関する実態調査２０１３」（https://berd.benesse.jp/up_images/textarea/research/kanjiryoku_chosa_2013_p5.pdf）アクセス日…２０２０年3月29日
●道村静江（２０１０）『口で言えれば漢字は書ける！』小学館
●道村静江（２０１７）『唱えて覚える漢字指導法』明治図書
●諸見里朝賢・奥野庄太郎（１９２１）『読方教授の革新―特に漢字教授の実験』大日本文華出版部
●文部科学省（２０１７）「小学校学習指導要領解説　国語編」
●文部科学省中央教育審議会（２０１９）「児童生徒の学習評価の在り方について（報告）」
●大和祐子・玉岡賀津雄・熊可欣・金志宣（２０１７）「韓国人日本語学習者の語彙知識と漢字の読み書き能力との因果関係の検討」『ことばの科学』31号　名古屋大学言語文化研究会、39～58ページ
●早稲田大学教育総合研究所監修／坂爪一幸編著（２０１０）『「脳科学」はどう教育に活かせるか？』学文社

著者紹介

土居 正博（どい・まさひろ）

1988年，東京都八王子市生まれ。創価大学教職大学院修了。川崎市公立小学校に勤務。国語教育探究の会会員（東京支部）。全国大学国語教育学会会員。全国国語授業研究会監事。教育サークル「深澤道場」所属。教育サークル「KYOSO's」代表。『教師のチカラ』（日本標準）編集委員。「第51回わたしの教育記録」（日本児童教育振興財団）にて「新採・新人賞」受賞。「第52回わたしの教育記録」にて「特別賞」を受賞。「第67回読売教育賞」にて「国語教育部門優秀賞」を受賞。「教育科学国語教育」（明治図書），『教育技術』（小学館），『教師のチカラ』（日本標準）などに原稿執筆多数。著書に『クラス全員に達成感をもたせる！　1年生担任のための国語科指導法―入門期に必ず身につけさせたい国語力―』『教員1年目の教科書　初任者でもバリバリ活躍したい！教師のための心得』（ともに明治図書）などがある。共著に『「めあて」と「まとめ」の授業が変わる「Which型課題」の国語授業』（東洋館出版社）などがある。

イラストでよくわかる！　漢字指導の新常識

2020年 9月10日　初版発行
2020年12月 9日　3刷発行

著　者――――土居《どい》 正博《まさひろ》
発行者――――佐久間重嘉
発行所――――学 陽 書 房
〒102-0072　東京都千代田区飯田橋1-9-3
営業部――――TEL 03-3261-1111／FAX 03-5211-3300
編集部――――TEL 03-3261-1112
http://www.gakuyo.co.jp/

ブックデザイン／スタジオダンク　　イラスト／尾代ゆう子
DTP制作／越海辰夫　　印刷・製本／三省堂印刷

 ISBN978-4-313-65415-0 C0037